SOMMAIRE

GLOSSAIRE

AFP : Agence France Presse

AIEA : l'Agence internationale de l'énergie atomique

AQMI : Al Quaïda au Maghreb Islamique

BAD : Banque Africaine de Développement

BM : Banque Mondiale

BT : Banque de Tunis

CIA : Central Intelligence Agency

CNUCED : Conférence des Nations Unies sur le Commerce et de Développement

CPI : Consumer Price Index ou Indice des prix à la consommation IPC

EI : Etat Islamique

FMI : Fonds Monétaire International

GNA : Gouvernement d'Union National en Libye

INS : Institut National de la Statistique

INSEE : Institut National de la Statistique et des Etudes Economiques

IVD : Instance de Vérité et de Dignité

LIA : Libyan Investment Authority

MANUL : Mission d'Appui des Nations Unies en Libye

ONU : Organisation des Nations Unies

OTAN : Organisation du Traité de l'Atlantique Nord

PIB : Produit Intérieur Brut

PND : Parti National Démocratique

PNUD : Programme des Nations Unie pour le Développement

RASCOM : Regional African Satellite Communication Organisation

RFI : Radio France International

TND : Dinars Tunisien

UC : Unité de Compte

UNESCO : Organisation des Nations Unies pour l'Education, la Science et la Culture

UNICEF : Organisation des Nations Unies pour l'enfance

FIGURES ET TABLEAUX

PROLOGUE

Le présent projet a pour but de présenter notre opinion sur les évènements qui ont marqué le « Printemps arabe ». L'auto-immolation de Tarek el-Tayeb Mohamed Bouazizi le 17 Décembre 2010 a eu un effet papillon sur cette partie du continent noir. Les conséquences furent importantes sur les plans socio-économique et sécuritaire pour l'Afrique du Nord, mais aussi pour l'Afrique de l'Ouest et l'Afrique centrale, comme nous le verrons.

Nous débuterons par une analyse chiffrée et vérifiable de la situation globale des Pays de l'Afrique du nord de 1990 à 2010. Nous nous appesantirons sur les résultats socio-économiques des pays concernés que nous comparerons avec les moyennes africaines, européennes et mondiales.

Par la suite, nous relaterons de déroulement des renversements politiques successifs qui interviendront à partir de 2010. Nous révèlerons les implications plus ou moins pernicieuses de la communauté internationale dans ce qui apparaitra d'abord comme une volonté populaire. La vérité étant tout autre, nous évaluerons les enjeux géostratégiques et économiques de la chute de ces leaders arabes qualifiés, à tort ou à raison, de Tyrans.

Enfin, nous étudierons l'état d'avancement des pays concernés depuis le cataclysme de 2010. Il sera particulièrement intéressant de voir l'étendue des conséquences sur le reste de l'Afrique avec les phénomènes d'Immigration « massives » via la Méditerranée, et l'émergence du terrorisme, en partant de l'Afrique du nord à l'Afrique centrale, en passant par l'Afrique de l'Ouest. Nous évoquerons aussi les retombées pour les pays occidentaux qui ont été impliquées directement dans ce coup d'échecs géopolitique préparé avec minutie, fourberie et ruse.

1. ETAT DES LIEUX 1990-2010
a) Evolution du PIB par habitant

Le Produit Intérieur Brut par habitant, ou par tête (PIB par habitant ou par tête) est un indicateur du niveau d'activité économique d'un Etat. Il est la valeur du PIB divisée par le nombre d'habitants d'un pays. Il est plus efficace que le PIB pour mesurer le développement d'un pays, cependant, il n'est qu'une moyenne donc il ne permet pas de rendre compte des inégalités de revenu et de richesse au sein d'une population.

Les écarts concernant le même pays peuvent être considérables selon l'organisme à l'origine de ces données ; Fonds monétaire international (FMI), Banque mondiale (BM), ou Central Intelligence Agency (CIA). Ces variations s'expliquent par :

⇒ le fait que le PIB n'est pas toujours connu, il est souvent estimé ;
⇒ le moment où ce PIB a été estimé (une projection antérieure à une crise économique change les chiffres) ;
⇒ l'estimation de la population locale.

Les éléments choisis pour évaluer la parité de pouvoir d'achat recèlent une part de subjectivité.

Pour nos travaux nous nous sommes référés à la base de données en ligne de la Banque Mondiale concernant le PIB par habitant[1] avec comme référence le \$US constant de 2010.

Rappelons qu'une monnaie constante est une monnaie ayant un pouvoir d'achat constant dans le temps. Sa valeur théorique est calculée pour une année donnée, et pour éliminer toute variation due à l'inflation ou la déflation.

Pour passer d'une monnaie courante à une monnaie constante, on doit corriger la hausse des prix due à l'inflation à l'aide d'un indice des prix. Par exemple pour passer d'un dollar courant à un dollar constant, et supprimer l'impact de la variation des prix, le calcul est le suivant :

$$Second\,Year\,Constant\,Dollar = First\,Year\,Dollar\,Value \times \frac{CPI\ for\ Second\ Year}{CPI\ for\ First\ Year}$$ [2]

Avant de vous présenter les résultats que nous avons trouvés, nous tenons à préciser que nous avons volontairement omis les résultats de la Mauritanie car ils ne présentent aucun intérêt pour nos travaux.

---

[1] https://donnees.banquemondiale.org/indicateur/NY.GDP.PCAP.KD?end=2017&locations=LY-EG-TN&start=1990&view=chart&year_low_desc=false
[2] https://www.investopedia.com/terms/c/constantdollar.asp

Pays	1990	1999	2000	2001	2002	2003	2004	2005	2010
Algérie	3550.03	3457.14	3541.07	3600.44	3754.52	3974.18	4091.14	4273.31	4463.40
Egypte	1560.08	1885.74	1950.61	1982.11	1990.99	2015.90	2059.38	2112.49	2602.48
Libye		8782.83	8967.25	8671.84	8453.59	9403.45	9670.09	10653.78	12120.56
Maroc	1720.78	1958.95	1972.30	2091.24	2130.73	2230.91	2310.34	2358.44	2834.21
Tunisie	2227.47	2897.98	3004.61	3091.10	3107.02	3228.46	3403.11	3492.17	4140.15
Pays à revenu intermédiaire	944.14	1041.93	1068.44	1095.61	1119.88	1171.63	1251.42	1315.70	1675.13
Monde	7172.55	7932.52	8172.63	8222.1	8296.68	8428.11	8693.75	8915.32	9513.62

Tableau 1: PIB par habitant en USD constants

Le graphique se rapportant à ces résultats se présente de manière suivante :

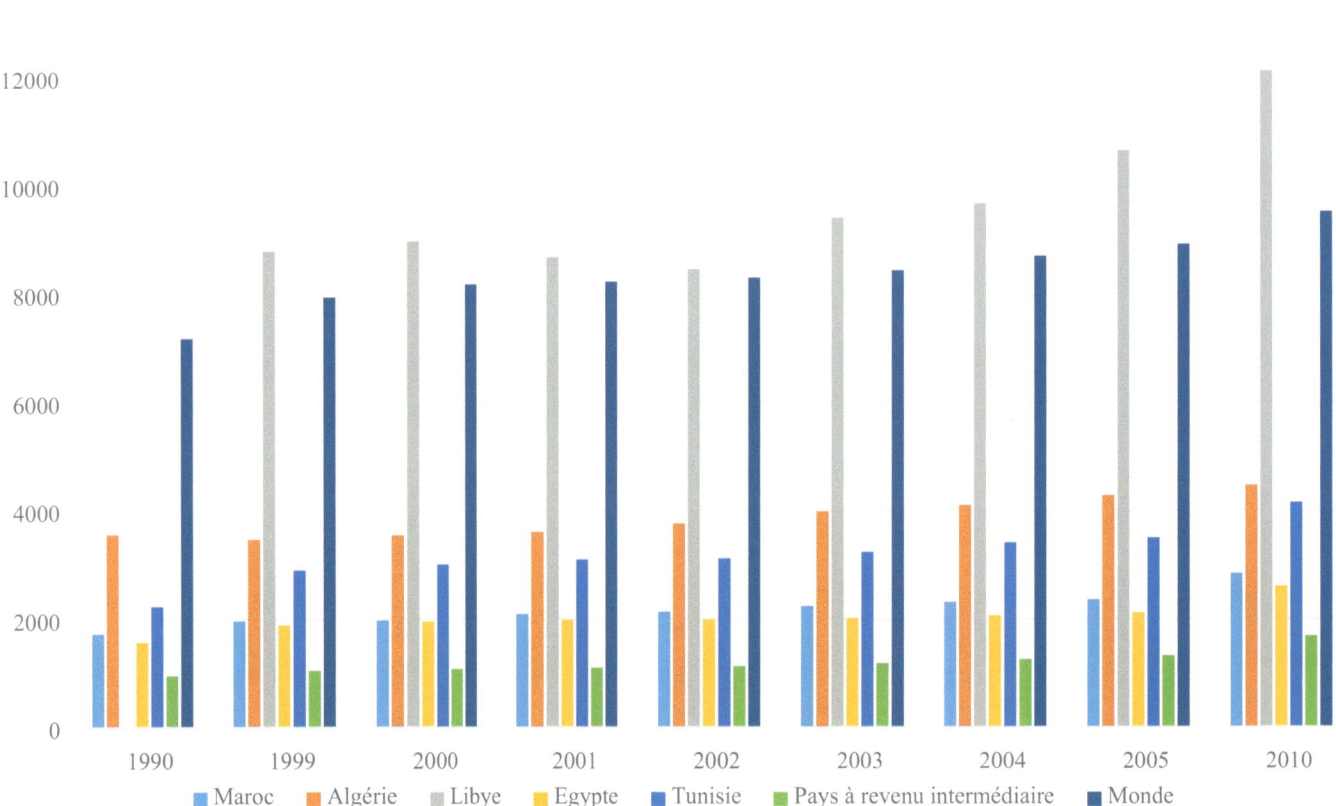

Figure 1: PIB par habitant en USD constants

b) Indicateurs macroéconomiques en Afrique du Nord

Avant tout il nous semble important de rappeler quelques définitions afin que nos lecteurs et nous puissions être au même diapason.

L'INSEE définit l'inflation comme "la perte de pouvoir d'achat de la monnaie qui se traduit par une augmentation générale et durable des prix". L'inflation se distingue donc de la hausse du coût de la vie. En effet, la perte de valeur des unités monétaires affecte l'économie nationale dans son ensemble, sans discrimination entre les catégories d'agents. Le taux d'inflation est évalué grâce à l'indice des prix à la consommation (IPC), une mesure incomplète pour prendre en compte le phénomène inflationniste qui couvre un champ plus large que celui de la consommation des ménages.

Les quatre facteurs de l'inflation sont :

- L'inflation par les coûts : Le prix d'un produit peut être amené à augmenter lorsque son coût de fabrication s'accroît ou parce que les prix des produits qui le composent augmentent ;

- L'inflation par la demande : Ce type d'inflation est constaté lorsque la demande de produits ou de services augmente mais l'offre ne parvient pas à s'adapter à ce surcroît de demande.

- L'inflation importée : La dépréciation d'une monnaie par rapport au dollar ou aux autres principales devises de facturation du commerce mondial comme le Yen, l'Euro ou la Livre Sterling, génère une hausse du prix des produits importés.

- L'inflation par excès de masse monétaire : Certains économistes considèrent que l'inflation apparaît lorsque le stock de monnaie circulant dans l'économie est trop élevé par rapport à la quantité de biens et services offerts.

La balance commerciale[3] est le compte qui retrace la valeur des biens exportés et la valeur des biens importés. Pour calculer la balance commerciale, la comptabilité nationale procède à l'évaluation des importations et des exportations de biens à partir des statistiques douanières de marchandises. Des correctifs sont apportés à celles-ci : d'une part, les échanges se rapportant à la récupération sont déduits des flux douaniers, d'autre part, on y ajoute ceux de matériel militaire ainsi que l'avitaillement des navires et des avions. Si la valeur des exportations dépasse celle des importations, on dit qu'il y a excédent commercial ou que la balance commerciale est excédentaire; si les importations sont supérieures aux exportations, le pays a un déficit commercial ou sa balance commerciale est déficitaire

Dans certains pays comme la France, la balance commerciale ne couvre que les biens. Les services sont pris en compte dans la balance des biens et des services contrairement à d'autres pays où la balance commerciale couvre les biens et les services.

En comptabilité nationale, la balance courante[4] représente le solde des flux monétaires d'un pays liés aux échanges internationaux. Elle est composée de la balance commerciale, de la balance des services, de la balance des revenus et de la balance des transferts courants. Il est préférable pour un pays que le solde de sa balance courante soit positif. Ce qui lui permet d'accroître les avoirs nets étrangers qu'il détient, de rembourser sa dette plus rapidement et de renforcer sa capacité à prêter à d'autres pays. Alors qu'à l'inverse, une balance courante négative doit être compensée par des emprunts auprès d'agents extérieurs. La balance courante fait elle-même partie de la balance des paiements, au même titre que la balance financière et le compte de capital.

---

[3] https://www.insee.fr/fr/metadonnees/definition/c1649
[4] https://www.journaldunet.fr/business/dictionnaire-comptable-et-fiscal/1198573-balance-courante-definition-et-calcul/

> Balance courante = balance des biens et services + balance des revenus + balance des transferts courants.

La dette extérieure[5] d'un pays est constituée de l'ensemble des dettes engagées par les agents économiques de ce pays envers des agents économiques extérieurs. On appelle service de la dette extérieure la somme versée annuellement par un pays pour rembourser le capital emprunté et les intérêts. Ces mouvements de capitaux, qui concernent des masses financières de plus en plus importantes, transitent par le système bancaire international et en expliquent le développement.

Trois catégories d'agents concourent à la formation de l'épargne : les ménages, les entreprises, les administrations publiques. L'épargne nationale[6] est la somme de ces trois composantes, et l'épargne privée (que l'on oppose à l'épargne publique) est la somme des épargnes des ménages et des entreprises. Lorsque l'épargne domestique est insuffisante pour assurer les investissements nécessaires, on fait appel à l'épargne extérieure, ce qui entraîne un déficit du compte courant de la balance des paiements.

Les dépenses de consommation, qui doivent être prises en considération pour déterminer l'épargne brute des ménages, correspondent à l'ensemble des achats de biens courants et durables, à la seule exception des logements. Pour les entreprises, l'épargne brute correspond aux profits non distribués, après impôts ; l'épargne brute des administrations publiques est définie comme la différence entre les recettes totales et les dépenses courantes de fonctionnement et de transfert. Une part importante de l'épargne brute des ménages est affectée à l'investissement en logement ; le reste constitue l'épargne financière, qui est mise à la disposition des entreprises et des administrations pour combler l'insuffisance éventuelle de l'épargne brute de ces secteurs.

Selon l'INSEE, les termes de l'échange sont le rapport, pour un produit donné, entre l'indice du prix des exportations et celui des importations, indices exprimés selon une même année de base.

> Termes de l'échange : (Indice des prix des exportations / Indice des prix des importations) X 100

Une amélioration des termes de l'échange de 1 % signifie que la croissance du prix des exportations est 1 % plus forte que celle du prix des importations. Elle signifie aussi une détérioration de la compétitivité-prix nationale. Inversement une baisse des termes de l'échange signifie une amélioration de la compétitivité-prix. Ce rapport peut être calculé par produit, pour un ensemble de produits ou globalement.

---

[5] https://www.glossaire-international.com/pages/tous-les-termes/dette-exterieure.html#xuoCGGhj68fCPOGQ.99
[6] https://www.larousse.fr/encyclopedie/divers/%C3%A9pargne/48579

Le solde budgétaire de l'État est la différence entre le niveau des recettes et le niveau des dépenses constatées dans le budget de l'État. Lorsque ce solde est positif, il s'agit d'un excédent. Dans le cas contraire, on parle de déficit. Il ne faut pas confondre cette notion avec le déficit public, qui concerne l'ensemble des administrations publiques. Le solde budgétaire de l'État fait l'objet chaque année d'une prévision inscrite dans le projet de loi de finances.

En nous référant aux données de la division des Statistiques de la BAD, dans le rapport annuel d'activités du groupe de 2010, nous avons pu récolter les données suivantes :

Indicateurs	1990	1999	2000	2001	2002	2003	2004	2005	2010
Croissance du PIB	3.1	3.9	3.9	4.2	3.7	5.3	4.7	4.8	4.6
Inflation	16.8	4.7	2.1	1.2	1.8	3.2	5	6.1	7.1
Balance commerciale en % du PIB	-4.3	-4.9	-0.5	-0.7	-0.9	1.1	1.5	4.9	-2.5
Compte courant en % du PIB	-1.2	-0.8	4.9	3.7	1.8	5.3	6.9	10.3	3.2
Croissance des exportations en %	34.7	10.9	7.2	1	1.8	8.8	6.7	4.4	0.2
Dette extérieure totale en % du PIB	54	50	43.2	42.3	47.2	45.5	40.4	33.2	14.6
Epargne nationale brute en % du PIB	21.9	21	25.4	24.3	23.6	26.6	29.8	32.7	31.8
Evolution des termes de l'échange en %	6.2	3.2	24.1	-2.1	-4.3	5.1	2.3	17.9	13.2
Investissement intérieur brute en % du PIB	24.9	21.1	19.7	19.7	21.2	20.8	22.5	22.4	31.2
Service de la dette en % des exportations	40.2	20.7	16.2	15.1	16.1	14.3	13.1	8.8	9.7
Solde budgétaire en % du PIB	-6.1	-2.6	1.5	-2.5	-2.3	-1	-0.9	3.2	-2.4

Tableau 2: Indicateurs macroéconomiques en Afrique du Nord

Indicateurs Macroéconomiques

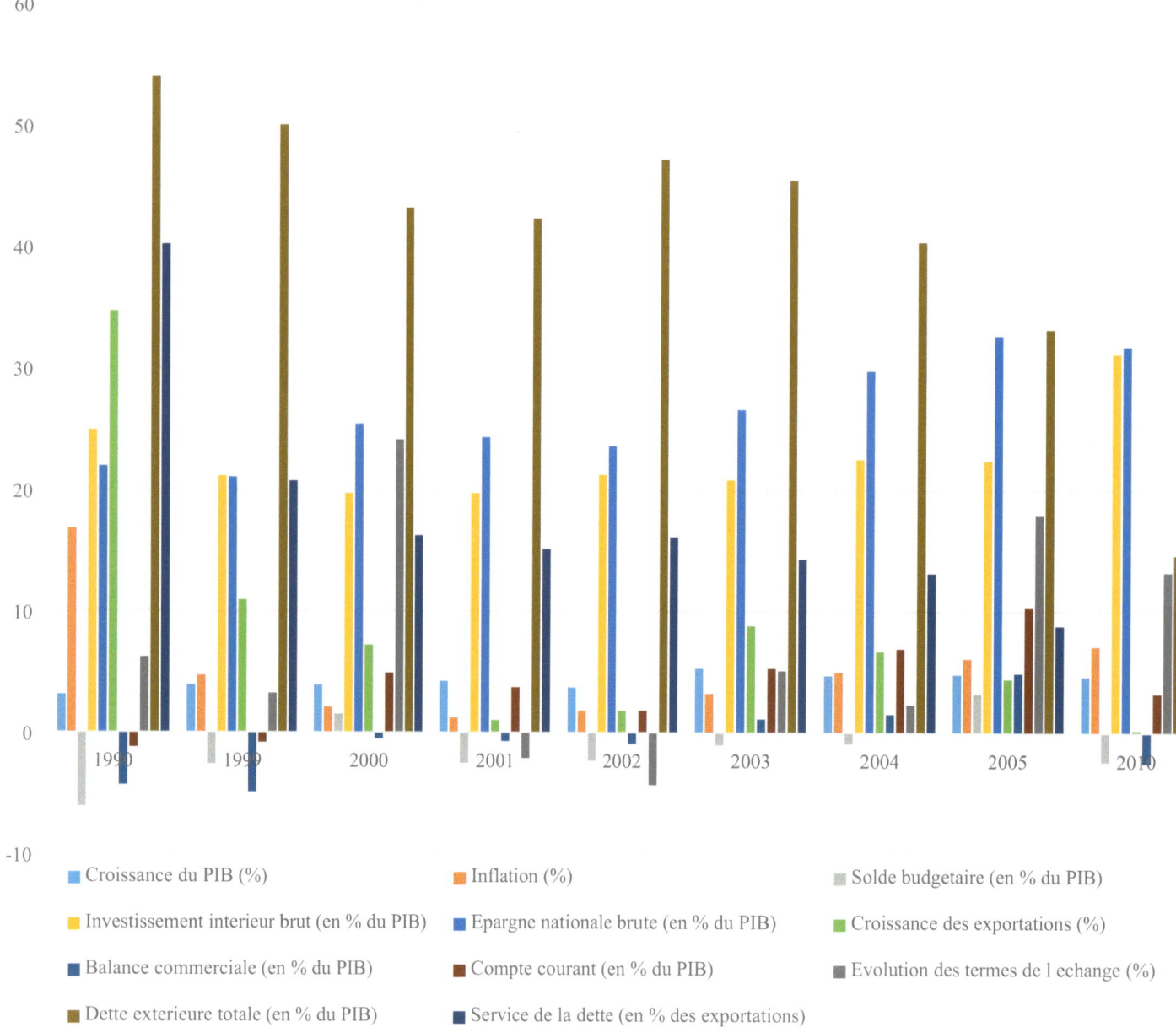

Figure 2: Indicateurs Macroéconomiques en Afrique du Nord

c) Indice de Développement Humain en Afrique du Nord et dans le Monde en 2010

Pour mieux comprendre la singularité de la notion de développement humain, certains principes ont été élaborés, tous de nature à tenter de refléter les aspects fondamentaux de ce problème. Ainsi, l'Indice du développement humain, créé par le Programme des Nations unies pour le développement (PNUD), est un indicateur composite comprenant trois éléments qui constituent pour chaque société des objectifs à atteindre : l'espérance de vie, l'accès à l'éducation et à la culture, le niveau de vie. Grâce à cet indicateur, chaque pays est informé du chemin qu'il doit parcourir avant que la totalité ou la majeure partie de sa population puisse bénéficier de ces possibilités essentielles. Il s'agit là, non d'une mesure du bien-être social, pas plus que d'une indication d'un degré de bonheur, mais d'une mesure de contrôle des personnes sur leur destinée.

Selon le PNUD, un IDH est considéré « élevé » s'il est supérieur à 0,800, « moyen » s'il est compris entre 0,800 et 0,500 (c'est le cas pour de nombreux pays d'Asie, d'Afrique et d'Amérique du Sud), et « faible » s'il est inférieur à 0,500.

D'après le Département de la Statistique de la BAD, Base de données de l'UNESCO Mars 2011, Nations Unies, Division de la population Révision 2008, RDH 2010, UNICEF :

Région/Pays	Valeur IDH (0 à 1)
Pays développés	0.955
Pays en développement	0.686
Moyenne africaine	0.436
Afrique du Nord	0.623
Algérie	0.677
Egypte	0.62
Libye	0.755
Maroc	0.567
Mauritanie	0.433
Tunisie	0.683

Tableau 3: IDH en Afrique du Nord et dans le Monde en 2010

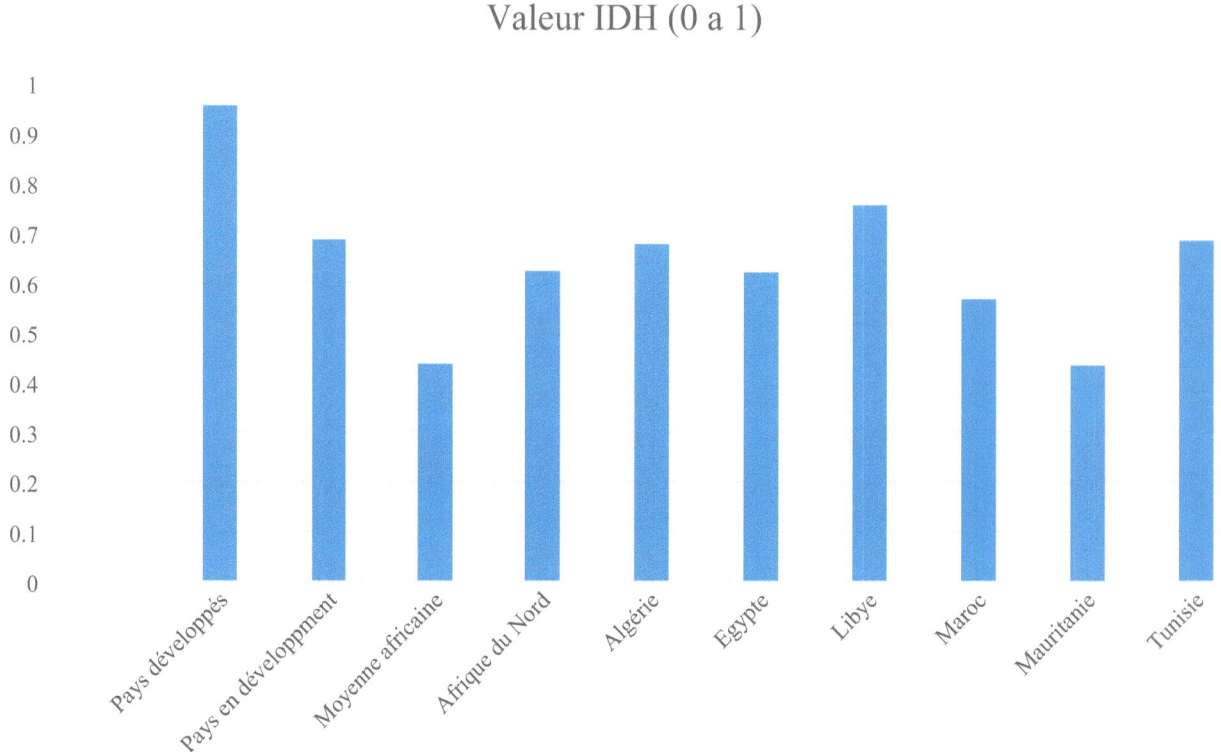

Figure 3: IDH en Afrique du Nord et dans le Monde en 2010

Région/Pays	Espérance de vie (années)	Mortalité infantile (pour 1000)	Mortalité maternelle (pour 100 000)	Accès à l'eau (% de la population)	Accès à l'assainissement (% de la population)	Apport calorique journalier par habitant	Taux de scolarisation primaire (%)-Filles	Taux de scolarisation primaire (%)-Garçons	Taux d'analphabétisme des Femmes (%)	Taux d'analphabétisme des Hommes (%)
	2010	2010	2008	2008	2008	2007	2006-10	2006-10	2005-08	2005-08
Pays développés	79.7	5.8	14	100	99	3,380	101	101	98.1	98.7
Pays en développement	68.5	38.4	290	88	57	2,620	107	110	77.5	88.2
Moyenne africaine	56	78.6	516.0 0	65	41	2,465	99	106	55.9	74
Afrique du Nord	71.4	30.7	164	87	88	3,193	103	110	54.2	76
Algérie	72.9	28.2	120	83	95	3,153	104	111	63.9	81.3
Egypte	70.5	32.5	82	99	94	3,195	97	102	57.8	74.6
Libye	74.5	16.9	64	…	97	3,143	108	113	81.3	94.9
Maroc	71.8	27.7	110	81	69	3,236	103	112	44.1	69.4
Mauritanie	57.3	71	550	49	26	2,841	108	101	49.5	64.1
Tunisie	74.3	18.5	60	94	85	3,326	106	108	71	86.4

d) Indicateurs sociaux en Afrique du Nord et dans le Monde 2005-2010

Tableau 4: Indicateurs sociaux en Afrique du Nord et dans le Monde 2005-2010

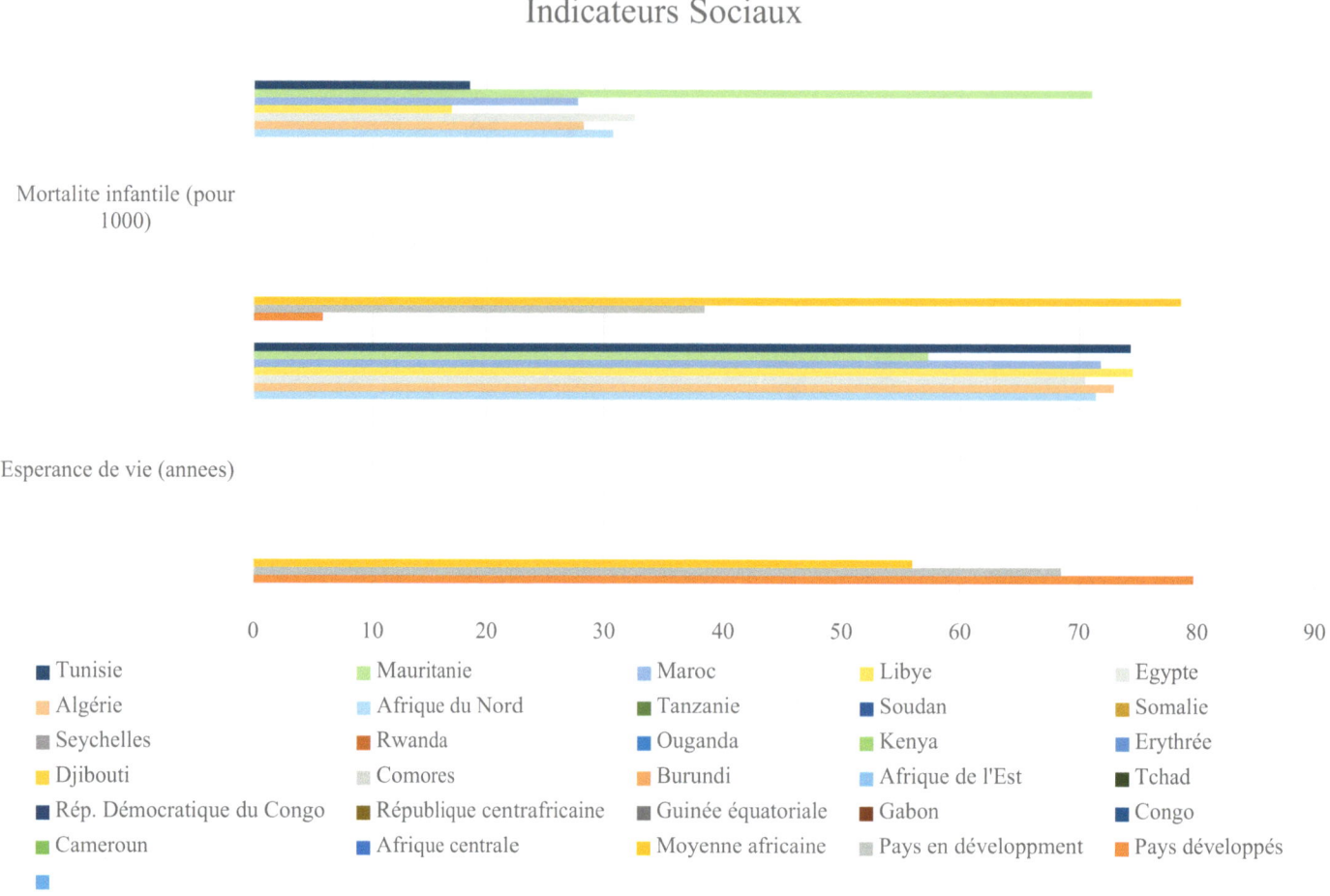

Figure 4: Indicateurs sociaux en Afrique du Nord et dans le Monde en 2010

2. LE PRINTEMPS ARABE ; 17 DECEMBRE 2010 - 20 OCTOBRE 2011

i. Mohamed Bouazizi ; l'étincelle Tunisienne

Le premier pays du Maghreb ayant connu de manière inattendue un changement politique majeur fut la Tunisie. On pourrait d'ailleurs parler de révolution. Cette ferveur populaire s'est ensuite propagée en Egypte, avant de connaitre son dénouement en Libye. Notons que le Maroc, bien qu'ayant été secoué de même, a su contenir les aspirations du peuple par une série de réformes sur lesquelles il serait inutile de revenir. L'Algérie et la Mauritanie n'ont quant à eux pas subi autant de vibrations populaires. Cependant la situation socio-politique de ces derniers est loin d'être exempt de reproches, loin de là.

En Tunisie, l'évènement catalyseur du mouvement fût l'auto immolation le 17 décembre 2010 à Sidi Bouzid, du jeune Tarek el-Tayeb Mohamed Bouazizi qui n'avait que 27 ans. Les Réseaux sociaux et les médias ont été les principaux moyens utilisés par la population pour canaliser et diriger les regroupements collectifs. Au regard du plébiscite général, l'Armée décide finalement de se ranger derrière ce mouvement.

Les principales causes de la chute du régime du Président **Zine El Abidine Ben Ali** ont été :

- La corruption et la mafia entretenues par le clan Trabelsi : Jusqu'à présent l'étendue de l'empire qu'avait bâti le clan reste inconnue. Cela dit, nous évoquerons trois éléments qui nous paraissent relativement représentatifs des pratiques douteuses qui sévissaient en Tunisie à cette époque.

Le média helvète Swissinfo, dans son article « Pourquoi les fonds du clan Ben Ali restent bloqués en Suisse » révèle que plus de 43 millions de francs suisses issus du système de corruption établi par le clan de l'ancien dictateur tunisien Ben Ali restent bloqués en Suisse après la Révolution. Sihem Bensedrine, la présidente de l'Instance Vérité et Dignité (IVD) affirma : «C'est une obligation que l'Etat tunisien doit assumer. Le fonds pour la dignité qui permet d'indemniser les victimes n'est pas encore alimenté, et il doit l'être grâce aux fonds rapatriés. L'IVD va mettre en place une stratégie de rapatriement en s'adressant aux partenaires de la Tunisie, telle que la Suisse notamment, pour leur faire savoir que ces fonds ont été mal acquis, au prix de torture, meurtres, disparitions forcées, et viols. Il est donc normal et légitime que les fonds soient restitués.»

L'Agence France Presse-Tunisie (AFP) dans son édition du 20 mai 2017 révélait le témoignage du plus connu des membres du clan Trabelsi. Ce récit portait sur la corruption durant le règne du clan. Imed Trabelsi, neveu de l'épouse du président déchu Zine El Abidine Ben Ali a décrit un système bien huilé grâce à la complicité de douaniers, de hauts fonctionnaires et de ministres. Concernant les hauts fonctionnaires, Imed Trabelsi a assuré que certains avaient fait du zèle pour se faire bien voir par des proches de Ben Ali, comme son gendre Sakher el-Materi.

Dans son article du 21 janvier 2011, intitulé : "La fortune du clan Trabelsi au cœur de la révolution tunisienne.» le média France24 révèle que l'entourage de Ben Ali et de sa femme a constitué en un quart de siècle un véritable empire, allant des médias aux transports, banques, télécommunications, tourisme, services aéroportuaires ou grande distribution (Géant et Monoprix).

Belhassem Trabelsi, l'un des frères de Leila Trabelsi (l'épouse du président Ben Ali), connu pour être le plus violent, a mis la main en 2001 sur la compagnie aérienne "Carthage Airlines". D'après la note de WikiLeaks révélée par Le Monde, Belhassem, qui s'est imposé au conseil d'administration de la Banque de Tunisie (BT), possède plusieurs hôtels, une des deux radios privées tunisiennes, des usines d'assemblage d'automobiles, le réseau de distribution Ford, une société de développement immobilier, etc... Parmi cette vaste famille élargie, le frère de Leila, Moncef, et son neveu Imed sont également devenus des acteurs économiques de premier plan. Moncef a fait fortune dans la construction. Imed – qui aurait été poignardé le 14 janvier - a commandité le vol du yacht de luxe du banquier français, Bruno Roger, dans le port de Bonifacio en Corse. Malgré les charges qui pèsent contre lui, il a été innocenté par la justice tunisienne. Devenu maire de la station touristique de la Goulette, il avait mis la main sur la grande distribution (Bricorama). Et la liste des avoirs des membres du clan est encore longue.

- Le chômage des jeunes diplômés : Avant de présenter les chiffres relatif à ce point, il est important de signaler que la proportion de la population tunisienne faisant partie de la tranche 20-34 ans[7] est la plus importante.

Avec un pic en 2011 et un taux de 18.3%, le chômage gangrénait la population depuis une quinzaine d'années. Selon l'Institut National de Statistiques tunisien, le chômage touche davantage les femmes que les hommes, et les diplômés de l'enseignement supérieur sont particulièrement affectés, avec un taux de chômage de 30%. Ces statistiques, pour l'économiste Fatma Bouattour, "illustrent les défis du gouvernement tunisien dans l'emploi et se traduisent par un besoin de réformer le système éducatif, notamment à travers une adaptation des cursus aux exigences du marché de travail (plus de proximité avec les entreprises, aides au secteur privé pour encourager l'emploi,...)".

- La fracture sociale entre la population d'une part, entre les régions d'autre part ; La redistribution équitable des richesses est un souci que connaissent tous les pays. En Tunisie le schisme social devenait de plus en plus important. Nous nous sommes référés aux travaux de Mhamed Mestiri sur les Disparités Régionales, Etat des lieux d'une discrimination[8].

---

[7] http://www.ins.nat.tn/fr/themes/population
[8] https://nawaat.org/portail/2016/02/09/disparites-regionales-etat-des-lieux-dune-discrimination/

La Figure suivante nous montre l'ampleur des écarts entre les différentes régions.

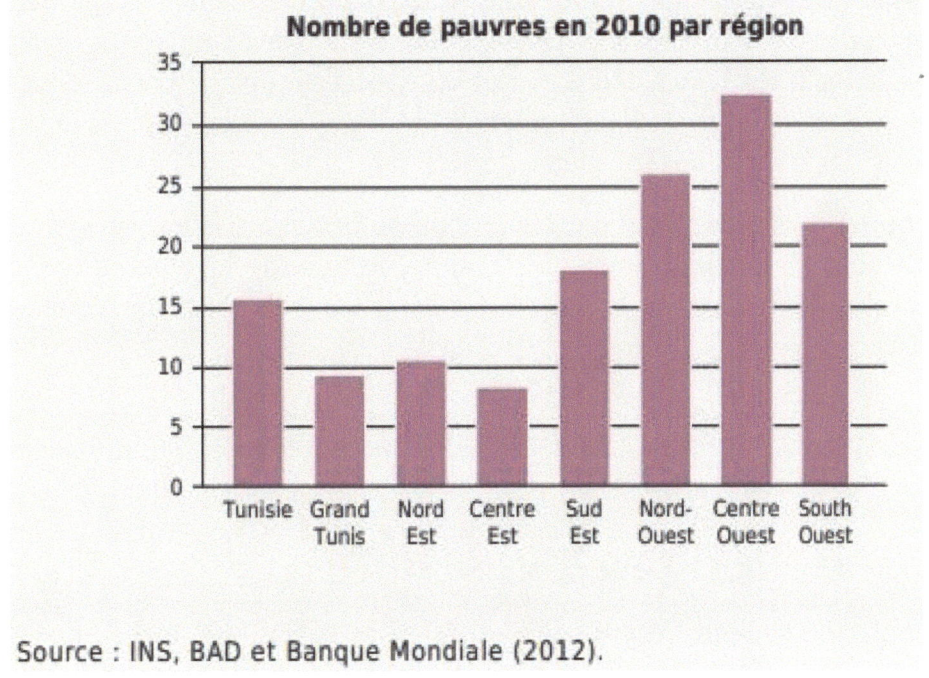

Source : INS, BAD et Banque Mondiale (2012).

Figure 5: Pauvreté par région en Tunisie 2010

Les disparités régionales les plus flagrantes concernent la pauvreté, qui s'est davantage concentrée dans les régions Ouest du pays. Malgré un recul global du taux de pauvreté au niveau national, les gains en termes de réduction de la pauvreté demeurent fragiles et inégalement répartis. A titre d'exemple, le taux de pauvreté sur le Grand Tunis avoisine les 9%, alors qu'il atteint un maximum de 32% dans la région du Centre-Ouest.

De tels décalages reflètent parallèlement de grands écarts de prospérité. En effet, l'écart dans la moyenne de consommation des ménages entre le Grand Tunis et la région du Centre-Ouest a atteint 56%. Tout comme les gains en termes de réduction de la pauvreté, les inégalités en termes de dépenses de consommation des ménages ont diminué au niveau national pendant qu'elles ont augmenté entre les régions.

Les disparités régionales sont également criantes en termes de Développement Humain et d'accès aux services publics de base (services de santé, éducation, eau et assainissement). Pour preuve, le ministère du Développement régional et de la planification indique que le gouvernorat de Kasserine pâtit de l'indice de développement régional le plus bas du pays (0.16, contre 0.76 à Tunis).

Quant à l'accès aux services éducatifs, la région du Centre-Ouest (gouvernorats de Kasserine, Kairouan et Sidi Bouzid) est particulièrement marquée par l'analphabétisme, elle affiche le taux le plus élevé du pays (32% contre 12% à Tunis). Dans ces gouvernorats, plus de 1 élève sur 4 habite à plus de 3 kilomètres de l'école primaire la plus proche, contre une moyenne nationale de 12%. Ceci se traduit par une plus grande probabilité de redoublement et d'abandon scolaire qui atteint respectivement 20,1% et 12,7% dans les lycées de Kasserine. L'accès aux études universitaires est également largement favorable aux habitants des zones urbaines, avec 74% des inscrits en université vivant dans des délégations se situant à 1 heure d'une grande ville. Ceci est dû aux insuffisances en termes d'établissements universitaires, d'équipements pédagogiques et de qualité du personnel enseignant dans les régions de l'intérieur.

Enfin, alors que 97% des ménages du Grand Tunis sont desservis en eau courante, ce taux chute à seulement 55% dans zones rurales. Pire, le taux de logements reliés au réseau public d'assainissement avoisine les 93% à Tunis, alors qu'il n'est que 12% à Sidi Bouzid (Centre-Ouest).

- Prise de position de l'Armée : Ce fut l'élément qui fit pencher définitivement le régime. Notons que de part cette prise de position courageuse, de milliers de morts ont été préservés. Les destructions d'édifices publiques ont été négligeables et les choses se sont, comme qui dirait, passées « en douceur ».

Les évènements qui se sont déroulés en Tunisie ont révélé une armée qui ne s'est pas cantonné au rôle de simple agent de l'Exécutif. En effet, le refus de celle-ci d'ouvrir le feu, comme Ben Ali lui en avait donné l'ordre a éloigné la perspective d'un écrasement par la force du soulèvement populaire. Et L'attitude de l'armée contraste radicalement avec celle de la police, fidèle jusqu'au bout à Ben Ali. Le rôle de l'armée tunisienne pendant les évènements et après la fuite de Ben Ali en traquant les milices présidentielles qui semaient la terreur parmi la population, a créé un mouvement de fraternisation, unique en son genre, entre la population et les soldats. Et ce mouvement s'est manifesté par des gestes quotidiens tels que, discuter avec les soldats postés devant les principaux édifices publics et les centres des villes, se photographier en leur compagnie, leur servir de la nourriture, des boissons chaudes...[9]

ii.   La révolution du Lotus et l'éclipse du Pharaon

La révolution du Lotus ou révolution du Papyrus ou révolution du Nil ou révolution du 25 janvier ou tout simplement la révolution égyptienne s'est tenue sur 17 jours du 25 janvier au 11 février 2011. Ce soulèvement populaire a conduit à la démission du Président **Hosni Moubarak** qui était au pouvoir depuis 1981. L'influence de la révolution tunisienne est indéniable. En effet, ces deux peuples du Maghreb sont relativement avant-gardistes en matière d'éducation, de technologies et de cohabitation religieuse. Leurs deux présidents sont proches et partagent des visions communes en matière de maintien de l'ordre public, avec des systèmes sécuritaire (police) et de renseignement très puissants. Cela dit,

---

[9] https://grotius.fr/six-cles-pour-comprendre-les-raisons-de-la-chute-de-ben-ali-en-tunisie/#.XBFkHWhKhqy

contrairement à son homologue tunisien, l'armée égyptienne (dont il est issu) ne prendra pas une position claire en son encontre.

Comme nous l'avons mentionné plus haut, l'étincelle viendra de la Tunisie. La chute du régime Ben Ali quelques jours auparavant donnera un élan indéniable à la jeunesse égyptienne. Nous apostrophons la jeunesse car c'est elle qui a clairement été l'instigatrice du soulèvement populaire. En effet, si les initiatives de rassemblements ont été fortement relayées par SMS et sur internet à travers les réseaux sociaux, les soutiens politiques, en revanche, ont été peu nombreux.

L'opposant Mohamed el-Baradei, ancien responsable de l'Agence internationale de l'énergie atomique (AIEA) avait déclaré soutenir les manifestants. En revanche, les Frères musulmans et le Wafd, premier parti d'opposition laïque, ne se sont associés au mouvement que bien plus tard en autorisant leurs jeunes militants à se joindre aux cortèges.

Pour revenir au rôle de l'armée il est important de signaler qu'elle est restée fidèle au « Pouvoir ». Le 1er février 2011, face à la pression populaire l'Armée indique qu'elle ne tirera plus sur la foule. Ainsi tout en assumant ses tâches régaliennes, l'armée essaiera autant que possible de rester neutre.

La révolution commence par des manifestations le 25 janvier 2011. Tout comme la révolution tunisienne, la révolution égyptienne s'est déclenchée en réponse aux abus des forces de police égyptiennes, à la corruption, mais aussi à l'état d'urgence permanent dans le Pays. Les facteurs démographiques structurels, le chômage, le manque de logements, l'augmentation des prix des biens de première nécessité et le manque de liberté d'expression sont également des causes importantes des manifestations, ainsi que les conditions de vie urbaines très dégradées pour les classes populaires.

L'objectif premier des manifestants était d'obtenir la démocratie et la fin de l'État policier. Cela se traduirait avant tout par le départ du président égyptien Hosni Moubarak, au pouvoir depuis le 14 octobre 1981. Il faudrait ensuite une répartition plus juste des nombreuses richesses du Pays. Réunissant des manifestants de divers milieux socio-économiques, c'est le plus grand mouvement populaire qu'ait jamais connu l'Égypte. Le mouvement aboutit le 11 février 2011 au transfert du pouvoir à l'armée tandis que le président Moubarak se retire dans sa résidence de Charm el-Cheikh.

Alors que la transition politique se met en place, les mouvements sociaux prennent le relais de la contestation politique, à la fois sur le mode de la contestation des hiérarchies corrompues et des revendications sociales :

- conditions de travail ;
- salaires ;
- protection sociale.

Les manifestations continuent chaque semaine, place Tahrir, pour compléter le changement de régime : dissolution du Parti National Démocratique (PND), l'ancien parti au pouvoir, mise en accusation des personnalités du régime corrompues et des responsables des centaines de manifestants tués par la police, libération des prisonniers politiques, etc. Outre les revendications sociales qui restent fortes, le pays est agité par les affrontements confessionnels. Le différend sur le règlement judiciaire de la révolution relance la révolution lors des journées des 29 et 30 juin.

Pour conclure sur cette partie nous nous inspirerons de l'article « 2011 : Le printemps arabe ? L'Egypte », Journal des anthropologues de Samir Amin.

La croissance égyptienne s'est accompagnée d'une incroyable montée des inégalités et du chômage qui frappe une majorité de jeunes. Cette situation était explosive ; elle a explosé.

L'apparente « stabilité du régime » que Washington vantait reposait sur une machine policière monstrueuse ; 1 200 000 hommes contre 500 000 seulement pour l'armée. Les puissances impérialistes prétendaient que ce régime « protégeait » l'Égypte de l'alternative islamiste.

Le régime pouvait paraître « tolérable » tant que fonctionnait la soupape de sécurité que représentait l'émigration en masse des pauvres et des classes moyennes vers les pays pétroliers. L'épuisement de ce système (la substitution d'immigrés asiatiques à ceux en provenance des pays arabes) a entraîné la renaissance des résistances.

Les jeunes (environ un million de militants) ont été le fer de lance du mouvement. Ils ont été rejoints par la gauche radicale et les classes moyennes démocrates. Les Frères musulmans dont les dirigeants avaient appelé à boycotter les manifestations pendant les quatre premiers jours (persuadés que celles-ci seraient mises en déroute par la répression) n'ont accepté le mouvement que tardivement, lorsque l'appel, entendu par l'ensemble du peuple égyptien, a produit des mobilisations gigantesques de 15 millions de manifestants. Les jeunes et la gauche radicale poursuivent trois objectifs communs : la restauration de la démocratie (la fin du régime militaire et policier), la mise en œuvre d'une nouvelle politique économique et sociale favorable aux classes populaires (la rupture avec la soumission aux exigences du libéralisme mondialisé), et celle d'une politique internationale indépendante (la rupture avec la soumission aux exigences de l'hégémonie des États-Unis et du déploiement de son contrôle militaire sur la planète).

L'appel à la manifestation formulé par les trois composantes actives du mouvement a été rapidement entendu par l'ensemble du peuple égyptien. La répression, d'une violence extrême les premiers jours (plus d'un millier de morts) n'a pas découragé ces jeunes et leurs alliés (qui, à aucun moment, n'ont appelé à leur secours les puissances occidentales comme on a pu le voir ailleurs). Leur courage a été l'élément décisif qui a entraîné dans la protestation à travers tous les quartiers des grandes et des petites villes, voire des villages, une quinzaine de millions de manifestants pendant des jours et des jours (et parfois des nuits). Ce succès politique foudroyant a produit ses effets : la peur a changé de camp ;

Hilary Clinton et Barak Obama ont découvert alors qu'il leur fallait lâcher Moubarak qu'ils avaient soutenu jusqu'alors, tandis que les dirigeants de l'armée sortaient du silence, refusaient de participer à la relève de la répression – sauvegardant ainsi leur image – et finalement déposaient Moubarak et quelques-uns de ses suppôts majeurs.

iii.   L'Assassinat barbare « justifié » du guide Libyen Mouammar Bin Mohammed Bin Abdessalam Bin Humaïd Bin Aboumeniar Bin du Naïl Al Fohsi Al Kadhafi

Avant de présenter cette partie il nous parait primordial d'avoir attentivement apprécié les chiffres présentés à la première partie de ces travaux. Nous nous garderons ici de tomber dans le piège souvent facile des raccourcis et des aprioris.

Au-delà de ces chiffres sur la santé et la croissance fulgurante de la Libye, nous rappelons qu'en 2011, le Guide était au pouvoir depuis 42 ans. Par ailleurs la Libye présente des réserves pétrolières exceptionnelles ; classé 1er en Afrique et 9ième au Monde avec plus de 44 milliards de barils de pétrole.[10]

Par ailleurs la Libye avait d'importants fonds à l'étranger. Selon Farhat Bengdara, ex-gouverneur de la Banque centrale de Libye, au total, ces actifs mis sous séquestre par les Nations Unies en février et en mars 2011 se montent à 168 milliards de dollars (environ 116 milliards d'euros). Cette manne se répartirait entre l'institut d'émission qui détiendrait quelque 100 milliards de dollars et la Libyan Investment Authority (LIA) – le fonds souverain – qui contrôlerait le reste, selon les experts de la City.[11]

De plus, il serait naïf de dresser un tel tableau sans mentionner le financement parfois direct des campagnes électorales étrangères par le régime de Tripoli. A titre illustratif, en France, Nicolas Sarkozy avait d'ailleurs été mis en garde pour répondre aux accusations de financement douteux de sa campagne en 2007. Le 15 mars 2011, quatre jours avant les premières frappes occidentales sur la Libye, le 19 mars, la journaliste Delphine Minoui a rencontré Mouammar Kadhafi à Tripoli. Lors de cet entretien, diffusé par l'émission "Pièces à conviction" en 2014, le leader libyen lui affirme avoir participé au financement de la campagne de Nicolas Sarkozy en 2007. Et Kadhafi explique qu'en "tant que Libyen, si le président [Sarkozy] gagne les élections grâce à nos fonds, c'est vraiment un gain pour nous." Une entrevue traduite par l'interprète officiel du leader libyen, Moftah Missouri, qui explique que Kadhafi aurait versé une vingtaine de millions de dollars pour financer la campagne électorale de Nicolas Sarkozy.[12]

---

[10] https://www.jeuneafrique.com/179763/politique/libye-la-chute-de-kadhafi-un-nouveau-souffle-pour-le-printemps-arabe/

[11] https://www.lemonde.fr/afrique/article/2011/08/26/les-investissements-de-la-libye-a-l-etranger-se-sont-reveles-de-mauvais-placements_1563798_3212.html

[12] https://www.francetvinfo.fr/politique/affaire/financement-de-la-campagne-de-sarkozy/video-pieces-a-conviction-quand-kadhafi-affirmait-financer-la-campagne-de-sarkozy_2666152.html

Il serait inutile de mentionner les projets révolutionnaires que le Guide le de Jamahiriya a financés de manière exceptionnelle, et ce plus que tous ses condisciples africains réunis ; le satellite RASCOM, le Fonds Monétaire Africain, la Banque Centrale Africaine, la Banque Africaine des Investissements sans oublier les 143 tonnes d'or qui devait servir de contre poids pour l'émission d'une monnaie africaine.

Enfin, nous tenons à rappeler un principe universel prôné par toutes les nations occidentales comme règles élémentaires en matière de droit de l'homme. Le prisonnier de guerre bénéficie du statut de protection tel qu'il est défini par les règlements annexés aux conventions de La Haye du 18 octobre 1907 et par les conventions de Genève de 1929 et de 1949. En vertu de ce statut, le prisonnier doit être traité avec humanité et protégé contre les actes de violence. Il conserve sa personnalité civile, et son identité doit être fournie aux autorités de son camp. Il peut communiquer avec l'extérieur et recevoir des colis. S'il est valide, il peut être contraint, sauf s'il est officier, de travailler pour la puissance ennemie ; toutefois, les travaux insalubres, dangereux ou directement liés à l'activité de guerre sont prohibés. Il doit être libéré sans délai après la fin des hostilités actives, sauf s'il est sous le coup d'une poursuite pénale[13].

Maintenant que nous avons les pièces les plus importantes du Puzzle, nous allons vous décrire avec quelle violence extrême les rebelles et la coalition de l'OTAN, sous la houlette des Etats-Unis, de la Grande-Bretagne et évidement de la France, ont orchestré l'un des assassinats publics les plus inhumains qui soit.

La prise de la capitale libyenne est le résultat d'une opération planifiée entre les rebelles de Benghazi, de Misrata et certains habitants de Tripoli. Après les premiers mois de désorganisation, le soutien de l'OTAN, les entraînements et les livraisons d'armes ont porté leurs fruits.[14]

Pour la suite, nous nous sommes inspirés de l'article « Guerre en Libye : la chronologie des événements. » publié le 17 août 2011 et mis à jour le 20 octobre 2011.

❖ Février

Jeudi 17. L'opposition appelle à un "Jour de colère" contre le gouvernement de Mouammar Kadhafi. Celui-ci mobilise ses partisans à Tripoli et répond par la force aux insurgés. Des affrontements éclatent à Benghazi, où sept manifestants sont tués, tandis que des manifestations ont aussi lieu à El-Beida et Zintan. L'insurrection s'étend rapidement à plusieurs villes importantes.

Mercredi 23 au vendredi 25. La zone allant de la frontière égyptienne jusqu'à Ajdabiya, comprenant les villes de Tobrouk et Benghazi, passe aux mains des insurgés. Kadhafi

---

[13] https://www.universalis.fr/encyclopedie/prisonnier-de-guerre/
[14] https://www.mediapart.fr/journal/international/300811/comment-l-otan-et-la-rebellion-libyenne-ont-libere-tripoli

accuse Al-Qaida d'être derrière les insurgés. Le secrétaire général de l'ONU évoque un millier de morts.

Samedi 26. Le Conseil de sécurité des Nations Unies impose un embargo sur la vente d'armes et de matériels connexes à la Libye et une interdiction de voyager sur le sol des Etats membres pour des dignitaires du régime, dont Mouammar Kadhafi. La résolution stipule que "les attaques systématiques" menées contre la population civile en Libye "peuvent être assimilées à des crimes contre l'humanité".

Lundi 28. L'Union européenne établit également un embargo sur les ventes d'armes et une interdiction de se rendre sur le territoire de l'UE pour Kadhafi et le gouvernement libyen, ainsi qu'un gel de leurs avoirs.

Jeudi 10. La France reconnaît selon ses termes le Conseil national de transition (CNT) libyen.

Jeudi 17. Le Conseil de sécurité des Nations Unies se prononce pour l'instauration d'une zone d'exclusion dans le ciel libyen. Le conseil autorise également "toutes les mesures nécessaires" – ce qui signifie, en langage diplomatique, des actions militaires – pour assurer la protection des populations civiles face à l'armée de Kadhafi.

Samedi 19. Les Etats-Unis, la France et le Royaume-Uni lancent des raids aériens pour stopper la répression de la révolte. Ces frappes stoppent les forces pro-Kadhafi qui étaient aux portes de Benghazi.

❖ Avril 2011

Dimanche 10 et lundi 11. Mouammar Kadhafi accepte un plan de sortie de crise présenté par les médiateurs de l'Union africaine (UA), menés par le Sud-Africain Jacob Zuma. La délégation de l'UA invite l'OTAN à mettre fin à ses bombardements. Les insurgés libyens rejettent ce plan de paix, et maintiennent leur revendication première de voir Mouammar Kadhafi quitter le pouvoir.

Mercredi 20. Après Londres, Paris et Rome envoient des conseillers militaires auprès du CNT. L'Egypte et les Etats-Unis suivront.

Samedi 30. Saif Al-Arab Mouammar Kadhafi, 29 ans, le plus jeune des six fils du colonel Kadhafi, est tué dans un raid aérien, ainsi que trois petits-enfants du dirigeant libyen.

❖ Juin 2011

Mercredi 1er. L'OTAN prolonge sa mission jusqu'à fin septembre et conduit ses raids les plus durs sur Tripoli, le mardi 7 juin.

Jeudi 9. Le Groupe de contact sur la Libye, réuni à Abu Dhabi, décide d'apporter un appui politique et financier à la rébellion libyenne en établissant le mécanisme lui permettant de recevoir des fonds. La secrétaire d'Etat américaine Hillary Clinton affirme que les jours du régime de Kadhafi sont "comptés" et qu'il faut préparer "la Libye de l'après-Kadhafi".

Lundi 27. La Cour Pénale Internationale (CPI) annonce la délivrance d'un mandat d'arrêt pour crimes contre l'humanité contre Mouammar Kadhafi, son fils Saïf Al-Islam et le chef des services de renseignements libyens, Abdallah Al-Senoussi.

Vendredi 15. Le groupe de contact, réuni à Istanbul, en Turquie, reconnaît le CNT comme "l'autorité gouvernementale légitime" de la Libye, ouvrant la voie au dégel des avoirs appartenant à l'Etat lybien.

❖ Août 2011

Mardi 9. Le gouvernement de Kadhafi accuse l'OTAN d'avoir tué quatre-vingt-cinq personnes, dont de nombreux civils, dans un raid mené lundi soir dans le village de Madjar, près de Zliten, à 150 kilomètres à l'est de Tripoli.

Mardi 23. Les rebelles prennent le QG de Kadhafi à Tripoli après plusieurs heures de combats acharnés et affirment que la bataille est terminée. Le CNT diffuse un premier bilan des combats : plus de 400 morts et 2 000 blessés en trois jours à Tripoli, près de 600 pro-Kadhafi capturés.

Lundi 29. La femme de Kadhafi, sa fille Aïcha et deux de ses fils entrent en Algérie. Aïcha Kadhafi accouche dans une clinique près de la frontière quelques heures plus tard.

❖ Septembre 2011

Dimanche 11. Le Niger annonce l'arrivée sur son territoire de Saadi Kadhafi.

Mardi 13. Premier discours à Tripoli du président du CNT, Moustafa Abdeljalil, devant quelque 10 000 personnes. Le 15, Nicolas Sarkozy et le premier ministre britannique David Cameron se font acclamer à Benghazi.

Mercredi 21. Le gouvernement intérimaire formé par les rebelles annonce la prise de Sabha, l'un des trois derniers bastions des forces fidèles à Kadhafi. Syrte, ville natale du colonel, et Bani Walid continuent de résister.

❖ Octobre 2011

Lundi 17. Les forces du CNT célèbrent la prise de Bani Walid, avant-dernier bastion kadhafiste. Une chaîne de télévision syrienne confirme la mort de Khamis Kadhafi dans des combats au sud-est de Tripoli, le 29 août.

Jeudi 20. Les combattants du CNT mettent fin à la résistance à Syrte après deux mois de siège. Mouammar Kadhafi meurt des suites de ses blessures après des frappes aériennes de l'OTAN sur son convoi qui tentait de fuir Syrte.

Chute de Kadhafi : et de trois !

Malgré les questions légitimes sur l'intervention de l'OTAN et l'opacité qui entoure les rebelles libyens, toute une rive de la Méditerranée respire désormais plus librement. Vraiment ?

iv.   Témoignage personnel

J'ai vécu en Tunisie du 19 septembre 2010 au 23 août 2015 pour y suivre une formation d'Ingénieur national en Réseaux et Télécommunications. J'ai donc été un témoin privilégié de l'ère Ben Ali et post Ben Ali en passant évidemment par la révolution. Les lignes qui suivront porteront sur mon vécu durant cette période charnière de l'histoire du Maghreb.

Un mois avant le début des hostilités j'avais emménagé avec des connaissances dans une villa du quartier Naj Matar (Rue de l'Aéroport en français) dans la ville de Tunis. Nous étions tous des étudiants étrangers et la maison était toujours très animée. La demeure était spacieuse ; il y avait un parking, une grande cour extérieure, une annexe, des toilettes externes, une buanderie, 5 chambres, une grande cuisine, une salle de bain et au salon il y avait une jolie cheminé. Nous étions au nombre de 7 ; Audrey, Samy, Mado, Auguste, Arthur, Nigga et moi. Audrey avait déjà passé 3 ans en Tunisie. Elle faisait des études d'ingénieur en pétrochimie. Elle était assez réservée, posée dans son expression et réfléchie dans ses actes. Elle passait tout le temps dans sa chambre. Quand je suis arrivé, son copain venait souvent dormir chez nous. Tous ses facteurs n'ont pas facilité nos relations, bien qu'avec le temps on deviendra un peu plus proche ; Elle m'empruntait souvent mon pc et j'en profitais pour lui faire des petites blagues. Par moment on partageait son repas ensemble. Samy était le cousin d'Audrey. Il avait étudié pendant une année à l'université de Yaoundé 2 Soa. Il jouait bien au foot et il était cool. Ce n'est que deux semaines après avoir emménagé que j'ai su que Mado était l'amante de nigga. Arthur était le cousin d'Auguste, il s'était inscrit dans une école de formation professionnelle. Il était blagueur et disons que les études ne faisaient pas vraiment partie de ses priorités. Samy, Mado, Auguste, nigga et moi étions tous dans la même fac. Les deux premiers en économie et nous en ingénierie informatique, cela dit nous avions des cours en tronc commun. Une semaine après mon installation, j'ai conduit tout ce petit monde dans les bureaux de la préfecture à Carrefour de la Marsa. Nous devions signer notre contrat de bail. Auguste était grippé depuis peu. Je lui ai demandé de prendre sur lui, histoire qu'on en finisse avec cette besogne au plus tôt. C'était le seul document qui nous manquait pour déposer nos dossiers pour la carte de séjour. Tout s'est déroulé comme sur des roulettes.

À la maison, nous vivions de manière assez cavalière. Chacun se débrouillait comme il pouvait pour manger. Pour le ménage on faisait des tours et la vaisselle était individuelle. Malheureusement nous ne respections pas vraiment tout ça et c'est Audrey en général qui supportait nos lacunes. On sortait souvent ensemble. Un samedi classique pour nous c'était après-midi au parc d'attraction de DaaDA en mode TwinFlip, Karting, etc. Ensuite dégaine de Chicha pomme et Girac, partie de bowling aux berges du lac avant de finir la nuit en boite. À l'époque Mbida faisait la cour à Mado et un samedi c'est lui qui avait supporté le gros des dépenses. En plus de nos coins habituels, Mado voulait qu'on se fasse un restau aux berges du lac. Voilà la recette pour claquer 900 DT en un jour ! Il jouait bien sa carte, malheureusement Mado était déjà occupée. Si je l'avais su avant, il n'aurait pas saigné (dépensé) autant. Avec le temps, on s'est composé en petite clic de manière tacite. Il y avait Nigga, mado et moi d'un côté, Auguste, Arthur et Samy de l'autre, et Audrey en zone neutre. Ça nous donnait parfois des scènes drôles. Avec Nigga nous avions une flybox dont tout le monde pouvait bénéficier. Un jour Nigga décide de changer le mot de passe sans en avertir l'autre camp. Dans l'incertitude, ils ont d'abord cru qu'il y avait un souci avec la connexion internet. Après vérification, ils se sont rendu compte de l'astuce. Il s'en est suivi un joli petit clash. Le lendemain, ils sont allés acheter leur propre flybox et ils ont directement changé leur mot de passe par défaut. Somme toute, c'est surtout des petites guéguerres entre gentlemen. C'est à cette période que j'ai commencé à me rendre à l'église sainte jeanne d'arc sur l'arrêt Palestine. J'avais été surpris d'y croiser Audrey qui était choriste. Le vendredi après les cours, je me rendais souvent à la JCAT (Jeunesse catholique africaine en Tunisie) avec Bolion pour le culte suivi du repas. Par moment, c'était surtout la deuxième partie qui nous intéressait. Cela dit, il n'en demeurait pas moins enthousiasmant de se retrouver entre jeunes étudiants partageant les mêmes défis, d'une certaine manière, à l'étranger. Le samedi en général j'allais jouer au basket au centre sportif de Menzah 6. Il y avait des entraînements pour jeunes affiliés. Le feeling était bien passé avec le coach et il m'avait permis de venir sans verser un sous.

Je n'appelais presque plus Marie-Louise, ma petite amie d'avant le voyage. Entre temps je vivais une petite aventure avec une jeune lycéenne tunisienne répondant au prénom d'Aouina. Je l'avais rencontré dans le bus que j'empruntais le matin pour me rendre au terminus de l'Ariana. À cette heure-là il y avait plein d'élèves à l'arrêt et dans les bus. Elle était entourée de ses amis, qui pour la plupart étaient des garçons. Elle avait de longs cheveux noirs comme la nuit, une jolie petite frimousse qui ne saurait vous laisser insensible et une voix douce comme du sirop d'érable. Elle était ronde sans être grosse, ce qui avait pour avantages de la gratifier de belles formes. Elle ne parlait pas français et à cette époque mon arabe était très approximatif. On se regardait beaucoup, et souvent elle développait des stratégies pour être tout près de moi lors du trajet. Je me disais qu'elle devait sûrement sortir avec un de ces jeunes loups (ses camarades) qui l'entouraient, et je me faisais violence en essayant de ne pas trop la dévorer du regard. Cela dit mes yeux ont vite fait de trahir les sentiments de mon cœur. Avec mon arabe boiteux, j'ai eu son numéro et son facebook. Elle m'a fait comprendre qu'elle n'a pas de copain et je lui ai fait ma déclaration : Anti Ma7lek barcha barcha, In7bek ! (Tu es très très jolie et je t'aime !). Sans résistance aucune, j'avais inscrit le panier de la gagne. Les sentiments étaient partagés. Il y avait la barrière de la langue, mais ça nous importait peu. On se voyait fréquemment à l'arrêt de bus. On avait de moins en moins de gêne à afficher notre complicité. Elle n'hésitait pas à arranger mon col en public, en se rapprochant subtilement de moi... J'étais sous le charme maghrébin. Notre relation était pure et nous allions doucement. Ça me convenait parfaitement. Une fois, quand je me baladais dans le quartier avec Samy, je l'ai aperçu avec sa maman et sa tante. Elles venaient face à nous. J'ai dit à Samy que c'est la go dont je lui parle souvent. Je savais qu'elle ne pourrait pas me parler devant sa famille, mais on se comprenait à travers nos regards. On s'est traversé, et quand elles nous ont dépassées, elle s'est retournée pour m'envoyer un bisou suivi d'un clin d'œil. Avec le temps je culpabilisais par rapport à Marie-Louise. J'avais l'impression de l'avoir pris en otage. Je ne voulais pas qu'il y ait tromperie. Après quelques semaines j'ai trouvé le courage de lui passer un coup de fil pour mettre un terme à notre relation. Elle était calme, elle m'a dit qu'elle s'y attendait et qu'elle ne m'en voulait pas. Je ne lui ai pas dit que j'avais une autre amante, mais je crois qu'elle l'avait compris. J'avais toujours des sentiments pour elle mais la distance et le silence ont eu raison de nous.

Entre temps ma clique et moi continuons nos délires. Mbida avait reçu un Moneygram d'environ 3000 DT. C'était pendant la pause de midi. Il a demandé que je l'accompagne retiré les thunes. Nous sommes donc allés à la banque de Tunisie qui est non loin de notre fac. Après avoir récupéré le pactole, nous avons séché les cours pour d'autres aventures. Nous sommes allés à Carrefour Lafayette. Nous avons acheté un box chez Orange, ensuite nous avons déjeuné à Baguette. Après avoir fait quelques petites courses pour la maison à Monoprix, nous avons pris un taxi pour nous rendre chez Mbida. Il a déposé ses affaires et nous avons continué pour l'Aouina. Nous nous sommes rendus dans une agence de location de voiture. Mbida a jeté son dévolu sur une Kia Rio grise. Après avoir signé le contrat de location et versé la caution de 1000 DT nous avons filé à Naj Matar. Comme par hasard les autres (Auguste, Samy, Arthur et Nigga) revenaient de notre pizzeria du quartier. Quand nous les avons croisés en route, ils étaient agréablement surpris !

Les vacances de Noël arrivèrent et nous étions censés reprendre les cours au début du mois de janvier. Le dernier jour des cours tombait un vendredi et nous avions organisé une beuverie monumentale à la maison. La bière coulait à flot ! Il n'y avait pas moins de 10 packs de canettes de 33. Il devait y avoir environ 50 invités. En majorité des étudiants de notre fac (promos ingénieurs et économistes confondues). Vu que je ne suis pas très bière j'ai pris la tangente vers 21 heures pour me réfugier dans ma chambre. La fête battait son plein mais comme dans tout bon roman il fallait une petite péripétie pour agrémenter le tout. Bien qu'il y ait de la musique, j'entendais des éclats de voix provenir du salon. C'était assez violent pour que je sois sûr qu'il y avait un truc qui clochait. Je suis donc sorti et j'ai vu l'attroupement qu'il y avait vers la chambre d'Auguste. Une grosse dispute avait éclaté. On a arrêté la musique. Auguste a tabassé un économiste de notre fac qui était mauritanien et un tunisien qui était venu avec un de nos camarades de promo. Après le premier round au terme duquel Auguste a difficilement été maitrisé, les invités commençaient à s'en aller. Auguste était au salon et il a encore piqué une crise ! Il a cassé une bouteille pour saigner ses deux victimes comme des cochons. La scène était digne d'un film de western. Les filles criaient comme des gamines. Mado a pris un groupe dans sa chambre et je me suis chargé d'accompagner l'autre à la cuisine en lieu sûr. Entre temps Auguste s'était enfermé dans la salle de bain avec ses deux victimes pour une expiation sanguinaire. Il semblerait que le coupable soit le tunisien. Auguste l'a donc bien rossé ! Le tunisien avait les lèvres pétées et le nez en sang ; c'était le deuxième round. La situation s'est calmée, les filles sont rentrées chez elles, et les autres invités partaient à tour de rôle. Nous sommes restés au salon avec le mauritanien notamment. Auguste lui a présenté des excuses pour la baston. En fait il était question d'une dénonciation calomnieuse. Le tunisien avait caché la PSP d'Auguste et lui avait dit que c'est le mauritanien qui l'avait volé ! Le sentiment de trahison, la dose d'alcool et peut-être une certaine frustration ont constitué le cocktail explosif. Il a même failli avoir un troisième round n'eut été les supplications que j'ai adressées à Auguste. Ce dernier voulait poursuivre le tunisien dans la rue pour le saigner une fois de plus. Je me suis mis devant la porte et j'ai essayé de lui faire entendre raison, mais il était comme possédé. J'ai quand même pu le contenir assez longtemps pour que le tunisien s'en aille. C'était chaud ! Le lendemain, quand on lui a ressassé l'histoire il était ébahi, cela dit avec la quantité d'alcool dans l'atmosphère ce n'était pas étonnant. Le 25 avec Nigga et Mado nous étions à la messe de 10 heures sur Jeanne d'Arc. Je suis allé ensuite déjeuner chez Oscarine, dans ce qui fut notre appartement. Avec Tiphène et Huguette, elles avaient fait des plats succulents. Le seul ic c'est qu'elle ne voulait pas que je vienne avec Nigga. Dans l'après-midi, Houssem est venu me chercher en Polo 7 rouge. Il était avec sa copine Chaïma, hôtesse de l'air et nous sommes allés prendre un café près de la corniche dans la ville de Bizerte. J'avais pris un cappuccino avec de la mousse et du lait. J'étais à l'aise et tout s'est bien passé. Le 30 nous sommes allés en boites avec Nigga, nous étions à Gammart avant de finir la soirée à la boite de Times. Le lendemain, Nigga est sorti avec l'autre camp et moi je suis allé célébrer la messe à l'Église anglicane vers 21 heures. Je suis ensuite rentré pour regarder le film Stay au calme. L'année se terminait donc sur une note positive et nous n'aurions jamais pu imaginer la tournure que prendrait notre aventure.

Immolation de Mohemed Boizzizi et début des protestations contre le pouvoir Ben Ali. Il me semblait que le dirigeant avait pourtant bien assis son autorité. On pouvait retrouver des photos de lui dans toutes les administrations publiques. Sur les images et les vidéos sur lesquels il apparaissait, on remarquait aisément la noirceur accentuée de sa chevelure ; Je suppose qu'il mettait de la teinture pour paraître jeune et véhiculer l'image d'une personnalité en pleine possession de ses moyens et pouvant conduire encore le pays pour longtemps. Quand nous sommes arrivés, nous avions vite constaté que le sujet « Ben Ali » était tabou. Les Tunisiens avaient visiblement peur d'en parler en public. En plus, il paraît qu'il y avait beaucoup d'agents de renseignement sous couverture parmi le public, notamment les taximen. Le décès de Boizzizi a été un catalyseur. La majorité de la population avait accumulé beaucoup de ressentiments envers le clan Ben Ali et spécialement à l'encontre des Trabelsi (sa femme et ses proches). Les Tunisiens étaient donc dans la rue et les jours à venir semblaient incertains. J'avais reçu le sms de maman avec les 8 chiffres. J'ai retiré l'argent à l'agence Moneygram de la banque STB qui est près de l'arrêt El fel. Au regard de l'atmosphère du pays, j'ai jugé bon d'ouvrir un compte d'épargne le même jour, dans lequel j'ai gardé la moitié du pactole. Les supermarchés et les boutiques étaient pris d'assaut par les clients. Je suis allé faire des provisions à Carrefour de la Marsa. La présence inhabituelle de deux chars sur le parking ainsi que de militaires au niveau des entrées ne rassurait pas. La plupart des stores étaient abaissés. J'ai pris beaucoup de lait, de croissants, des œufs et de l'eau minérale. Trouver un taxi à la sortie de l'hypermarché relevait de l'exploit. J'ai finalement pris un taxi avec un autre étudiant. Il allait à l'Aouina. On l'a donc déposé avant d'aller sur naj matar. Pendant ce temps, les journaux faisaient de plus en plus échos de la situation avec des titres aguicheurs et une certaine surenchère. Quand vous suiviez les médias français, vous aviez l'impression que nous étions en mode Armageddon. Pendant 2 jours nous ne sommes pas sortis de la maison. On passait le plus clair du temps dans la chambre de Nigga à suivre les infos et à surfer sur internet. Il m'arrivait d'aller bosser un peu tout seul au salon. C'est drôle, parce qu'on faisait des blagues du genre, année blanche en perspective et en même temps je ne m'inquiétais pas plus que ça. Durant cette période de turbulence, nous ne manquions de rien ; tous les services de base continuaient de fonctionner (internet, téléphone, électricité, gaz de ville, eau, etc.) et avec les provisions que nous avions nous ne nous plaignions pas. Pendant le paroxysme de la grogne, Nigga, Samy et moi avons fait un tour au centre-ville. En fait Samy était chaud comme un chien en chaleur. Il nous a donc demandé de l'accompagner chercher sa copine. On commençait à étouffer, en plus Nigga et moi sommes de grands aventuriers. Nous sommes donc sortis avec une certaine insouciance à la quête du rafraîchissement de Samy. Il y avait très peu de circulation, malgré tout nous avons pu attraper un taxi. Pratiquement toutes les boutiques, pharmacies, restaurants étaient fermés. Cependant quelques cafés et boulangeries étaient ouverts. Sur notre trajet vers le centre-ville, nous avons rencontré plusieurs barrages qui étaient gardés par des civils. De temps à autres ils fouillaient les coffres des voitures à la recherche d'armes. Nous avons traversé toutes ses embûches sans soucis. Il n'y avait pas de dégâts majeurs sur le plan des infrastructures, contrairement à ce qu'on aurait pu penser. Les contestations étaient encadrées par les agents de l'ordre et les manifestants n'ont pas occasionné de heurts. Les militaires discutaient avec les manifestants calmement. Nous avons récupéré la go de Samy et nous sommes rentrés avec le même taxi. La course a fait environ 50 DT ! La révolution était en marche et certaines ambassades demandaient à leurs ressortissants de quitter le pays au plus vite. Deux jours après, on a annoncé la fermeture de l'espace aérien national. Les parents étaient inquiets et appelaient beaucoup. C'est drôle mais à aucun moment je ne me suis senti en danger. Le lendemain, nous sommes allés prendre du pain et nous avons fait le tour du quartier avec Nigga. On discutait avec les gens de la rue sans soucis. Et je me souviens d'avoir vu un gros avions militaire traversé le ciel. Avec la restriction qui était toujours d'actualité, c'était plus que surprenant de voir cet engin dans le ciel. Dans la soirée, on apprendra le départ du dictateur et c'est là que j'ai compris que c'était à bord de cet avion qu'il était parti. Quand la nouvelle s'est répandue, une certaine euphorie a gagné la population. Le lendemain les boutiques et autres commerces reprenaient du service. Quelques jours après Moubarak tombait en Égypte. La révolution des jasmins se propageait et un vent nouveau semblait souffler sur le Maghreb. Nous avons regardé en direct le dernier discours du guide libyen. Mouammar Kadhafi en appelait à la vigilance du peuple libyen en insistant sur le fait que tous ces élans de contestations seraient en réalité provoqués et soutenu par les occidentaux dans le but de déstabiliser le Maghreb, en particulier et l'Afrique en général. Quelques jours plus tard les rebelles recevront le soutien de la tripartite USA-France-Grande Bretagne. El Jamariah sera abattu comme un chien et les images tourneront en boucle sur les médias. C'est curieux de voir comment la presse occidentale présentait la chose. Eux qui adorent endosser la casquette des défenseurs mondiaux des droits de l'homme, ils n'ont pas été gênés un dixième de seconde par l'assassinat barbare de Kadhafi ; Quand bien même il aurait été coupable de crimes impardonnables, la morale et la justice voudraient qu'il eut bénéficié d'un jugement équitable.

Après le départ du Président tunisien, les choses ont beaucoup changé. Les gens s'exprimaient plus librement. Il n'y avait plus de sites internet bloqués. Il y avait de plus en plus de femmes avec le voile et des hommes avec des longues barbes. La ville et les édifices publics étaient beaucoup moins bien entretenus. Les prix ont augmenté (transport, denrées alimentaires, etc.) et le dinar tunisien a commencé à perdre de la valeur face aux devises étrangères. Il commençait à y avoir des agressions au centre-ville et dans des périphéries ; choses inexistantes auparavant. Il y avait aussi de plus en plus de grèves dans différents corps de métier. Bref le réveil qui a suivi le départ de Ben Ali était bien douloureux pour les Tunisiens. Sur Internet, notre fac annonçait la reprise des cours dans une semaine.

3. ET LES CHIMERES DU PRINTEMPS S'ENVOLERENT

a. La régression Tunisienne

Figure 6: Carte de la Tunisie en Afrique

Les jours qui ont suivi le départ du clan Ben Ali étaient porteurs d'espoirs de renouveau pour le peuple tunisien. Malheureusement, les choses ne sont pas du tout passées comme prévu et les plus optimistes ont vite déchanté. Le tissu sécuritaire interne et externe a volé en éclat. Les tensions sociales se sont accentuées avec une inflation que les autorités n'ont pas su contenir. Le paysage politique a vu émerger les islamistes. Ce fut assez ironique de constater que 2 ans après la révolution, de plus en plus de tunisiens étaient favorables au retour de Ben Ali...

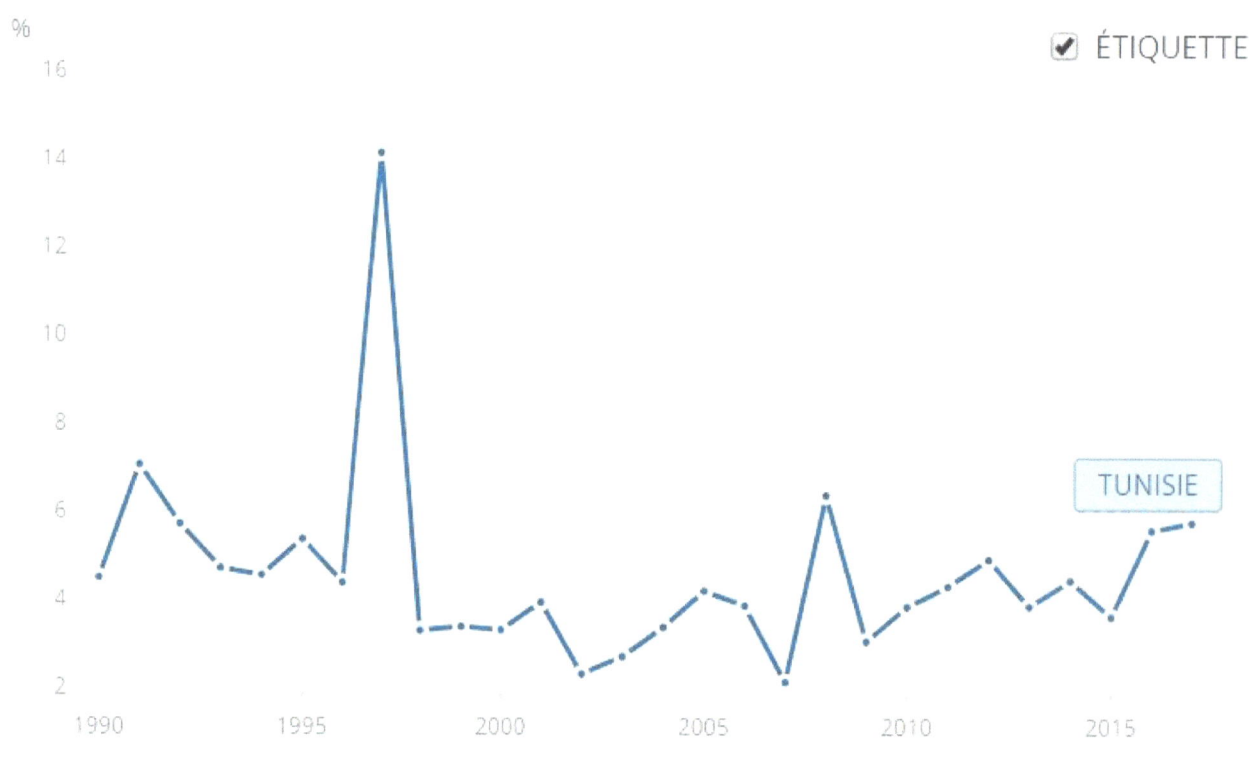

Source:
https://donnees.banquemondiale.org/indicator/NY.GDP.DEFL.KD.ZG?end=2017&locations=TN&start=1990&

1990 - 2017

Figure 7: Inflation, déflateur du PIB annuel en Tunisie de 1990 à 2017

Comme nous le constatons sur la courbe précédente, l'inflation est plus élevée qu'avant la révolution. Les autorités en place n'ont pas encore su endiguer la hausse générale des prix. Par ailleurs le pouvoir d'achat du tunisien s'est fortement réduit et l'écart entre le niveau de vie réel et celui escompté est abyssal. Le Dinar Tunisien, qui jouissait d'une stabilité remarquable du temps de Ben Ali, a fortement perdu de sa valeur à tel point qu'aujourd'hui il est courant d'observer les taux suivant :

⇒ 1 € = 3.383 TND[15] taux de change en date du 27 décembre 2018

⇒ 1 € = 1.927 TND[16] taux de change en date du 31 décembre 2010

Soit une dépréciation de plus de 56% !

L'un de points majeurs des revendications populaires était le chômage des jeunes diplômés. Là encore les choses n'ont pas vraiment évolué plus que selon les statistiques de l'INS, le taux de chômage au troisième trimestre 2018 était de 15.5 %[17].

Les revers les plus sanglants et remarquables furent sans aucun doute sur le plan de la sécurité intérieure :

- **Fusillade de la caserne :** Un caporal de l'armée tunisienne a tué lundi 25 mai 2015 sept de ses camarades avant d'être abattu dans une caserne de Tunis, où les autorités privilégiaient la piste d'un «acte isolé» et non terroriste. La fusillade «a causé les décès de sept militaires et la mort de l'auteur. Dix militaires ont été blessés, un étant dans un état grave», avait affirmé le porte-parole du ministère de la Défense, Belhassen Oueslati, lors d'une conférence de presse ;

- **Attentat du Bardo :** Le plus grand musée tunisien, proche du Parlement dans la capitale Tunis, a été attaqué par plusieurs hommes armés le 18 mars 2015. Plusieurs touristes de nationalité étrangère ont été tués. Les évènements se sont déroulés à 12h30. 22 personnes, dont 4 Français sont exécutés par deux terroristes de l'organisation état islamique. 45 personnes sont blessées ;

- **Attentat de Sousse :** L'attaque terroriste est survenue le 26 juin 2015 à Sousse. Elle a été revendiquée par l'organisation djihadiste État islamique (EI), et avait fait 38 morts dont 30 Britanniques et trois ressortissants Irlandais ;

- **Attentat contre la garde nationale :** Dimanche 8 juillet 2018, la Tunisie est à nouveau frappée par le terrorisme. Une attaque perpétrée dans le nord-ouest du pays par la branche d'al-Qaïda au Magrheb islamique (Aqmi) qui a fait six victimes du côté des forces de l'ordre tunisiennes. C'est l'attentat le plus meurtrier depuis celui de 2016 contre une caserne de l'armée, un poste de police et de gendarmerie. Six agents de la Garde nationale ont été tués et trois blessés lorsque leur voiture a été attaquée dimanche matin avec un engin explosif artisanal près de la frontière avec l'Algérie, dans le secteur de Ain Sultan, avait indiqué le ministère de l'Intérieur. Dans la nuit de dimanche à lundi, la branche tunisienne du groupe djihadiste Aqmi, Okba ibn Nafaa, avait revendiqué l'attaque, affirmant avoir saisi plusieurs armes de la patrouille visée ;

---

[15] https://www.xe.com/currencyconverter/convert/?Amount=1&From=EUR&To=TND
[16] https://fr.fxexchangerate.com/eur/tnd-2010_12_31-exchange-rates-history.html
[17] http://www.ins.nat.tn/fr/themes/ch%C3%B4mage

- **Attentat de Tunis :** Le centre-ville de Tunis avait été le théâtre, lundi 29 octobre 2018, d'un attentat qui alourdit davantage un climat politique vicié par des querelles fratricides au sommet de l'Etat. Une femme est morte en se faisant exploser, en début d'après-midi, sur l'avenue Bourguiba, l'artère la plus fréquentée de la capitale, dans une attaque kamikaze contre un groupe de policiers qui a blessé vingt personnes – quinze membres des forces de l'ordre et cinq civils.

De plus, depuis la révolution plusieurs agressions et meurtres ont été commis parfois contre des ressortissants étrangers.

En définitive, il serait honnête d'affirmer que jusque lors la révolution tunisienne est un échec profond…

b. Le Marasme Egyptien

Figure 8: Carte de l'Egypte en Afrique

Comme en Tunisie, les espoirs nourrit par l'éviction du Président Hosni Moubarak, ont rapidement laissé place à un déclin socio-économique, une résurgence des mouvements fondamentalistes et finalement la main ultra dominante de l'armée à la tête du Pays.

Comme nous nous en apercevrons sur le graphique qui suit, l'inflation n'a toujours pas pu être contrôlée. Les aliments de premières nécessités ont connu une majoration importante.

Dans le même temps, le pouvoir d'achat des égyptiens s'est dégradé. Le chômage s'est accentué et l'insécurité s'est installée.

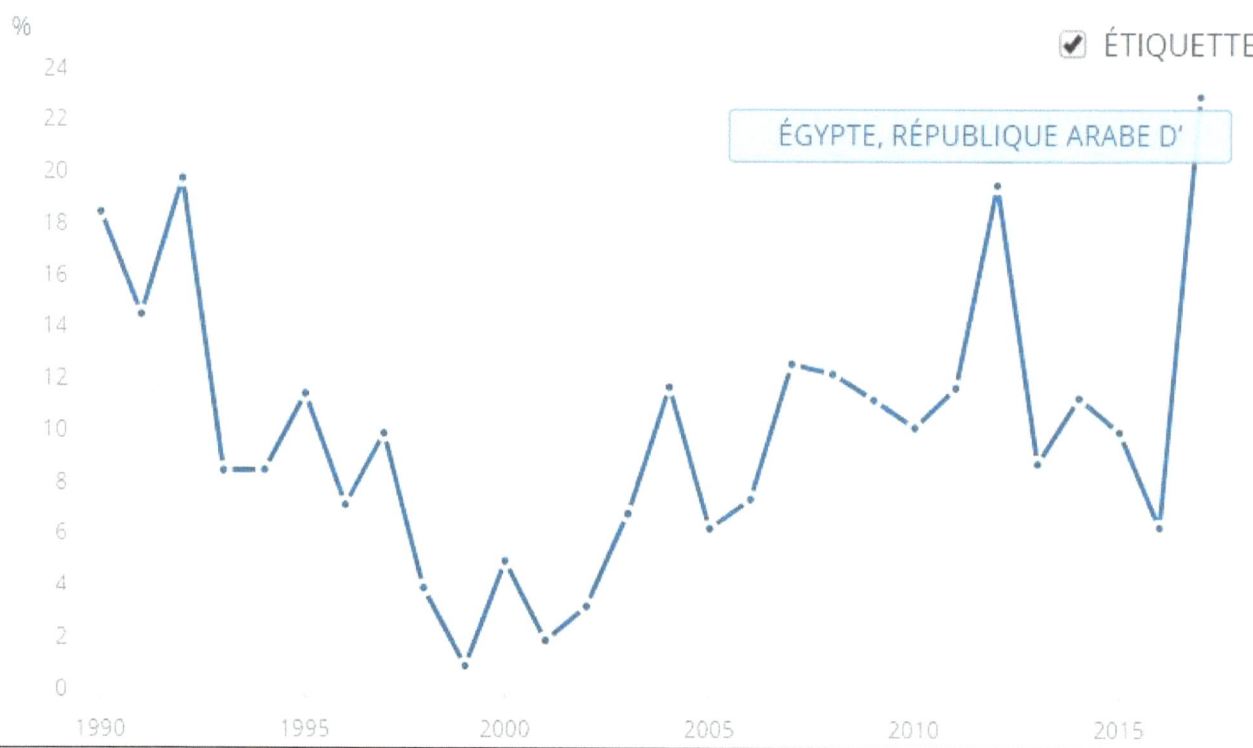

Source:

https://donnees.banquemondiale.org/indicateur/NY.GDP.DEFL.KD.ZG?end=2017&locations=EG&start=1990&view=chart&year_low_desc=false

1990 - 2017

Figure 9: Inflation, déflateur du PIB annuel en Egypte de 1990 à 2017

Plusieurs actes terroristes ont été commis au cours des deux dernières années : explosion en vol, le 31 octobre 2015, d'un avion appartenant à la compagnie russe Kolygamavia/Metrojet assurant la liaison entre Charm El Cheikh et Saint-Pétersbourg.

Le dimanche 9 avril 2017, dimanche des Rameaux, deux attentats à la bombe sont perpétrés en Égypte. Le premier peu avant 10 heures, près de l'église Saint-Georges (Mar Girgis) de la ville de Tanta, au nord du Caire. La seconde explosion a lieu peu après 13 heures à l'entrée de la cathédrale patriarcale Saint-Marc (Mar Morcos) d'Alexandrie. La première attaque avait fait 28 morts et au moins 78 blessés, la seconde faisant 17 morts et 41 blessés.

Le vendredi 02 novembre 2018, l'organisation État Islamique a revendiqué la nouvelle attaque perpétrée contre des pèlerins chrétiens dans le gouvernorat de Minya, à environ 200 kilomètres au sud du Caire. 7 personnes ont été tuées ; dont 6 de la même famille et une vingtaine blessées. Des hommes armés avaient ouvert le feu sur des bus transportant des chrétiens en pèlerinage au monastère Saint Samuel.

Le Vendredi 28 décembre 2018, selon le ministère de l'intérieur égyptien, un bus de touristes vietnamiens a été l'objet d'un attentat à la bombe au Caire. L'engin explosif artisanal a tué trois personnes dont 2 touristes et le guide égyptien.

Dans un article du Figaro paru le 13 mars 2017, le constat est clair et sans appel : «L'idée du Printemps arabe a cessé d'exister en Égypte !».

Après un intermède « démocratique » entre la mi-2012 et la mi-2013, qui a vu l'élection de l'islamiste Mohamed Morsi à la présidence, le pays est retombé entre les mains des militaires avec Abdel Fatah al-Sissi, qui a renversé le premier président civil du pays.

L'opposition islamiste a été laminée et nombre de leaders du Printemps arabe ont été emprisonnés ou contraints à l'exil. Quant à la situation économique du pays, calamiteuse, elle est devenue la préoccupation majeure des Égyptiens.

La corruption est de retour en force. Mostafa Morsi, qui a perdu son fils Mohamed le 28 janvier 2011, a dénoncé une justice «corrompue». «Le sang de notre fils a coulé pour rien (...) La corruption est de retour en force», avait-il dit à l'AFP. «J'aurais pensé que le Printemps arabe nous aurait donné une meilleure qualité de vie, mais c'est pire. Tout est pire», avait-il dit. À l'inverse, Mahmoud Ibrahim, 37 ans et ancien responsable du Parti démocratique national, le parti de Hosni Moubarak, a affirmé qu'«après six ans de soi-disant Printemps arabe, les gens regardent le temps de Moubarak avec nostalgie».

Dans un autre grand procès, la cour d'appel avait confirmé en janvier 2016 une peine de trois ans de prison pour l'ex-président et ses deux fils, Alaa et Gamal, dans une affaire de corruption. Il était accusé avec eux d'avoir détourné plus de 10 millions d'euros, alloués à l'entretien des palais présidentiels. Outre les trois ans de prison, tous trois ont été condamnés ensemble à payer une amende de 125 millions de livres égyptiennes (environ 15 millions d'euros) et à rembourser à l'État 21 millions de livres (2,5 millions d'euros). Pour cette affaire, Hosni Moubarak a purgé sa peine et ses deux fils ont été remis en liberté.

c. Le Chaos Libyen

Figure 10: Carte de la Libye en Afrique du Nord

La plus grande désolation de cette ère post printemps arabe est sans aucun doute la Libye. Après une ascension fulgurante, la chute fut létale. L'économie, la sécurité intérieure, les acquis sociaux, l'éducation, la politique, absolument tout a volé en éclat.

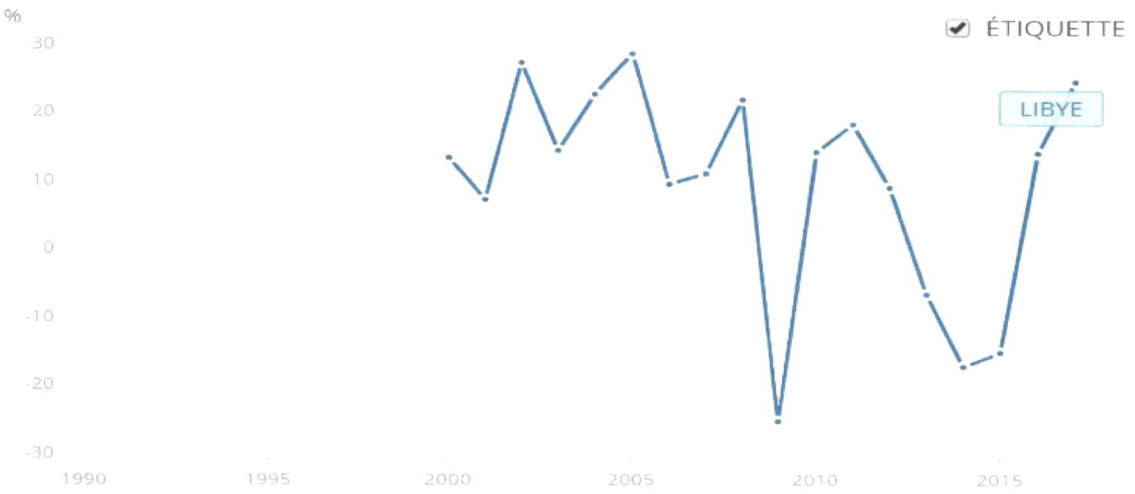

Source:https://donnees.banquemondiale.org/indicateur/NY.GDP.DEFL.KD.ZG?end=2017&locations=LY&start=1990&view=chart&year_low_desc=false

1990 - 2017

Figure 11: Inflation, déflateur du PIB annuel en Libye de 1990 à 2017

Le 11 septembre 2012, quatre Américains, dont l'ambassadeur Christopher Stevens, sont tués dans une attaque contre leur consulat à Benghazi. Un groupe djihadiste lié à Al-Qaïda est accusé d'être derrière l'attaque.

Le 23 avril 2013, un attentat à la voiture piégée vise l'ambassade de France à Tripoli, blessant deux gardes français. La plupart des ambassades étrangères ont fermé depuis.

Le 16 mai 2014, le général dissident Khalifa Haftar, proche de l'Egypte et des Emirats arabes unis, lance une opération contre les groupes djihadistes à Benghazi. Plusieurs officiers de la région orientale rallient sa force paramilitaire, autoproclamée « Armée nationale libyenne ».

Le 25 juin, après de nouvelles élections, le CGN est remplacé par un Parlement dominé par les anti-islamistes. Fin août, après des semaines de combats meurtriers, Fajr Libya, coalition hétéroclite de milices dont certaines islamistes, s'empare de Tripoli, et réinstalle le CGN. Un gouvernement est mis en place.

Le gouvernement d'Abdallah al-Theni et le Parlement élu en juin s'exilent dans l'Est. Le pays se retrouve avec deux gouvernements et deux Parlements.

En décembre 2014, le groupe Etat islamique (EI), tirant profit de l'absence d'Etat, s'implante en Libye où il revendique son premier attentat. En juin 2015, il s'empare de Syrte, à 450 km à l'est de Tripoli. Il en sera chassé fin 2016.

En décembre 2015, après des mois de négociations, des représentants de la société civile et des députés signent à Skhirat (Maroc), un accord parrainé par l'ONU, mais les deux Parlements rivaux émettent des réserves. Le Conseil de sécurité de l'ONU l'entérine. Un « gouvernement d'union nationale » (GNA) est proclamé. En mars 2016, son chef Fayez al-Sarraj arrive à Tripoli. Dans l'Est, le cabinet parallèle, soutenu par le général Haftar, et le Parlement, élu en 2014, lui restent opposés.

En juillet 2017, Fayez al-Sarraj et Khalifa Haftar s'engagent sur un processus de sortie de crise lors d'une rencontre près de Paris sous les auspices d'Emmanuel Macron, sans résultats concrets sur le terrain.

En décembre, l'ONU estime que l'accord de Skhirat « demeure le seul cadre viable pour mettre fin à la crise politique ». Khalifa Haftar affirme que l'accord a expiré, et avec lui le mandat du GNA. Il dit cependant appuyer la tenue d'élections en 2018, tout en menaçant implicitement de prendre le pouvoir si ce processus n'aboutit pas.

Le 13 janvier 2018, au moins 20 personnes sont tuées lors de combats entre forces de sécurité et un groupe armé qui lance une attaque contre l'aéroport international de Mitiga, près de Tripoli. Les assaillants cherchaient à libérer des djihadistes détenus sur le site de l'aéroport.

Le 23 janvier, un double attentat à la voiture piégée fait près de 40 morts à Benghazi.

Le 2 mai, deux kamikazes de l'EI attaquent le siège de la Commission électorale à Tripoli, tuant 14 personnes.

Le 7 mai, le maréchal Haftar, après une hospitalisation d'au moins deux semaines à Paris, annonce une opération militaire pour « libérer » Derna, seule ville de l'Est libyen qui échappe à son contrôle et sous la coupe de groupes djihadistes.

Dans un article intitulé : « Libye: le chaos jusqu'où ?[18] », publié dans le média l'Express le 05 septembre 2018, Vincent Hugeux nous présente les faits suivants :

En dépit d'un fragile cessez-le-feu, les combats entre milices rivales au sud de Tripoli assombrissent un peu plus l'horizon. Au mieux, le cessez-le-feu, accouché au forceps mardi soir sous l'égide de la Mission d'appui des Nations unies en Libye (MANUL), modérera un temps l'intensité des combats qui, depuis le 27 août, opposent des milices rivales, embrasant la banlieue sud de Tripoli. Peut-être même cette accalmie précaire permettra-t-elle de rouvrir l'aéroport de Mitiga, le seul apte à desservir la capitale depuis 2014.

Pour autant, inutile de se bercer d'illusions : même si elle dépasse par sa durée la trêve précédente - laquelle, conclue sur les instances de dignitaires locaux, a volé en éclats au bout de quelques heures- celle-ci ne résoudra rien sur le fond. Près de sept ans après la chute du défunt "Guide" Mouammar Kadhafi, l'ancienne Jamahiriya n'en finit plus de sombrer dans le chaos.

– Une guérilla absurde et fratricide

Assauts à l'arme lourde, pluies de roquettes... Au-delà de son bilan humain (une cinquantaine de morts a minima, 1800 familles contraintes à l'exode), ce énième acte de la tragédie libyenne plongerait dans le désespoir le médiateur le plus opiniâtre. Mais il a aussi de quoi doper l'inspiration d'un dramaturge de l'absurde ou d'un maître de l'humour noir. Car les affrontements mettent aux prises, entre autres, deux factions armées réputées loyales au Gouvernement d'union nationale, ou GNA, de Fayez al-Sarraj. L'une supposément inféodée au ministère de l'Intérieur, l'autre au ministère de la Défense... Et ce sur fond, comme il se doit, d'allégeances aussi incertaines que réversibles et d'alliances à géométrie variable. Pour un peu, on en oublierait qu'al-Sarraj doit aussi compter avec un parlement hostile, basé à Tobrouk (Est), comme avec un exécutif parallèle que soutient le maréchal Khalifa Haftar, maître des provinces orientales...

Si déroutant, voire illisible, que soit l'échiquier post-Kadhafi, la séquence en cours mérite d'être détaillée. Tout commence le 27 août, lorsqu'une milice, la 7e Brigade, quitte son fief de Tarhouna, à 60 km au sud de Tripoli, et met le cap au nord, sur l'aéroport international, dont la réouverture prochaine aiguise les appétits des porte-flingues de toutes obédiences, et que la fameuse Brigade tient pour partie intégrante de sa zone d'influence. Las !, la 7e se heurte en chemin à une coalition de milices tripolitaines, jalouses de l'emprise qu'elles exercent depuis 2016. De quoi raviver le conflit latent entre le "cartel" de la capitale et les acteurs paramilitaires qui se sentent exclus du partage de sa dépouille.

– Un "pouvoir" otage des milices

Au risque d'envenimer l'affaire, Fayez al-Sarraj invite alors d'autres loups dans les ruines de la bergerie. En clair, il appelle à la rescousse les miliciens de Zintan (ouest), délogés de la capitale en 2014, et leurs ex-ennemis jurés de Misrata, la ville portuaire située à 190km à l'est de Tripoli, évincés quant à eux deux ans plus tard.

---

[18] https://www.lexpress.fr/actualite/monde/libye-le-chaos-jusqu-ou_2033869.html

Cette manœuvre à haut risque jette une lumière crue sur l'un des fléaux qui hypothèquent l'avenir du pays : faute d'avoir pu, ou su, mettre en œuvre un accord inter-libyen signé en 2015 à Skhirat (Maroc) et censé orchestrer notamment l'intégration des miliciens au sein d'une armée nationale, faute de parvenir à asseoir son autorité, le "pouvoir" reconnu -et mollement soutenu- par la communauté internationale est devenu au fil des mois l'otage de bandes armés auprès desquelles il a sous-traité, en dépit de leur dérive criminalo-mafieuse, la sécurité de son fragile bastion tripolitain.

Comme le relève un rapport de l'ONG Small Arms Survey publié en juin, et éloquemment intitulé "La capitale des milices", ces gardes prétoriennes à la loyauté aléatoire ont infiltré et gangréné l'administration, ou ce qui en reste, les institutions de l'Etat, ou ce qui en tient lieu, et les milieux d'affaires. Si nécessaire, elles assoient leur mainmise par le harcèlement et l'intimidation. Un exemple ? Voilà peu, un fonds d'investissement souverain, exposé aux intrusions des "protecteurs" du cru, a déserté ses bureaux du centre-ville pour s'installer ailleurs. Autant dire que les objurgations de la MANUL, qui enjoint au GNA de poursuivre ceux qui entravent le fonctionnement des organes étatiques, a quelque chose de surréaliste.

— Le retour du spectre djihadiste

Experts en décryptage des conflits, les auteurs du rapport de Small Arms Survey redoutent l'éclosion d'un conflit d'envergure durable, dans l'hypothèse où un front d' "outsiders" armés entreprendrait de disputer aux milices en place le contrôle de la capitale. En scellant un pacte avec d'autres mini-armées locales, ledit front pourrait de fait prendre celle-ci en étau. Autre facteur d'inquiétude, s'il en était besoin : le regain d'activisme de groupes djihadistes, terrassés hier à grand-peine, et qui tentent de profiter de la confusion générale pour reconquérir les positions perdues.

Pour le Libyen lambda, comme pour les migrants parqués dans d'épouvantables camps de rétention, ce nouvel épisode ne fait qu'assombrir un peu plus un quotidien éprouvant. L'évasion récente, à la faveur du bazar ambiant, de 400 détenus de la prison d'Ain Zara, située dans les faubourgs sud de Tripoli, attise les craintes de pillages et d'agressions. Comme si les coupures d'électricité, fréquentes et interminables, les pénuries de carburant et de cash et l'envolée des prix ne suffisaient pas... En un mois, le prix du pain, denrée de base s'il en est, a quadruplé.

— Fantasmes Salvini et chimères Macron

A qui la faute ? A la France bien sûr. Et à elle seule. Telle est du moins la thèse acrobatique défendue par le ministre de l'Intérieur italien Matteo Salvini. Dans une vidéo diffusée lundi, ce démagogue d'extrême-droite fait part de sa "crainte que quelqu'un, pour des motifs économiques nationaux, mette en péril la stabilité de toute l'Afrique du Nord, et par conséquent, de l'Europe." Mais encore ? "Je pense à quelqu'un qui est allé faire la guerre là-bas alors qu'il ne devait pas la faire, qui fixe la date des élections sans prévenir les alliés, l'Onu et les Libyens."

Suivez mon regard et mon index accusateur. Rendons au boutefeu transalpin cette justice : quoique courageusement allusif, son réquisitoire n'est hélas pas totalement infondé. De la vaine rencontre au sommet entre al-Sarraj et Haftar, mise en scène à La Celle-Saint-Cloud (Yvelines) en juillet 2017, au sommet convoqué à l'Elysée le 29 mai dernier, le volontarisme d'Emmanuel Macron, enclin à jouer sa partition en solo, butte sur l'effroyable complexité du poker menteur perpétuel auquel se livrent, entre cupidité, égoïsme et rancunes recuites, les fossoyeurs maison.

Nous nous permettrons de clore cette partie par un autre article. Paru sur le média RFI le 22 août 2018, il s'intitule : « Libye: à Tripoli, sept ans après la chute de Kadhafi, une bien triste Tabaski[19] ».

Dans la capitale Tripoli, la fête musulmane du sacrifice, connue en Afrique de l'Ouest sous le nom de Tabaski, représentait un jour bien triste en Libye cette année. Cette fête qui correspond aussi à la fin en 2011 du régime du colonel Mouammar Kadhafi, avait généré l'espoir d'une Libye libre et prospère, qui s'est évaporé avec la crise en cours. Sept ans après la chute du régime, l'espoir vécue par une majeure partie des Libyens a laissé la place à une grosse amertume : une mauvaise situation politique et économique sans précédent s'est installée.

Ni le gouvernement d'union nationale (GNA) de Tripoli soutenu par la communauté internationale, ni le gouvernement parallèle à l'est du pays, ni toutes les autres institutions qui s'avèrent fortement divisés et peu efficaces ne semblent pouvoir faire grand-chose pour sauver le citoyen libyen de sa souffrance quotidienne. Avec leur mission spéciale pour la Libye, les Nations unies n'arrivent pas non plus à avancer sur ce dossier.

Pendant ce temps, le citoyen libyen continu à vivre dans un pays dirigé par des milices qui pratiquent toutes sortes d'actes criminels, défendent leurs intérêts et imposent leur influence par la force des armes. Au lieu d'être intégrées par le gouvernement, ces milices, dont certaines sont composées d'extrémistes, imposent leur loi au GNA.

En plus de l'insécurité, les habitants souffrent profondément de la division politique mais aussi de l'ingérence étrangère qui participe aux divisons entre Libyens. A Tripoli, quatre grandes milices se partagent la ville et se livrent périodiquement à des combats pour marquer leur territoire.

Dans cette situation chaotique, la souffrance économique semble avoir le plus d'impact sur les Libyens, qui ne comptent plus le nombre d'heures passées devant les banques pour obtenir une part minime de leur salaire. Dans les files d'attente, ils sont humiliés et malmenés par les milices qui contrôlent les banques. Les banquiers avancent toujours comme excuse un manque de liquidités qui les empêche de donner leur argent à leurs clients. Et la situation s'est aggravée les jours précédents la fête de la Tabaski.

Des protestations ont eu lieu et des campagnes ont été lancées pour attaquer les banques en justice. Les Libyens essaient de trouver des solutions par eux-mêmes. Autre exemple révélateur de l'incapacité de GNA à subvenir aux besoins des Libyens au quotidien : certains commerçants font payer leurs clients avec des chèques certifiés.

Les Libyens appauvris sont plus que jamais nostalgiques de l'époque de Mouammar Kadhafi. Les Tripolitains ont ainsi découvert ce 21 août dans les rues de leur capitale des affiches défendant le fils de l'ancien leader, Saïf al-Islam al Kadhafi, qui n'est pas apparu depuis des années, et le qualifiant de « Mandela de la Libye ».

---

[19] http://www.rfi.fr/afrique/20180822-libye-tripoli-tabaski-economie-sept-ans-kadhafi-mouamar-chute-commemoration

EPILOGUE

Arrivé au terme de nos travaux, nous tenons tout d'abord à rappeler les faits importants qui traduisaient la situation socio-économique des pays d'Afrique du Nord.

Comme nous l'avons souligné dans notre première partie, les pays du Maghreb avaient une bonne situation économique. En prenant le cas des trois principaux pays concernés par le printemps arabe (Tunisie, Egypte et Libye), le constat était encore plus encourageant. D'après les statistiques de la Banque Mondiale, les trois pays avaient tout simplement un PIB par habitant bien supérieur à celui de la moyenne des pays à revenu intermédiaire. De plus la Libye pointait carrément à 12 120.56 USD par habitant en 2010. En sachant qu'à revenus équivalents le coût de la vie est beaucoup moins cher qu'en Occident, cela conférait tout simplement au Libyens un pouvoir d'achat beaucoup plus important que la plupart des européens.

De plus l'indice de développement humain, suivant les chiffres de la base de données de l'UNESCO, nous montre que les trois pays cités plus haut étaient au-dessus de la moyenne des pays en développement. La Libye avait d'ailleurs un score de 0.755 en 2010. Il en est de même des principaux indicateurs socio-économiques (Santé, Espérance de vie, Alphabétisation, Accès aux services publics, etc.) que nous vous avons présenté.

Enfin, le taux de croissance était constant et l'endettement extérieur négligeable par rapport aux PIB respectifs des pays concernés. Tous ces états avaient leur propre monnaie avec des politiques monétaires et budgétaires précises et pertinentes.

Cependant la longévité de leurs dirigeants semblait être un « désaveu démocratique » pour les nations occidentales. Ajouté à cela le fort taux de scolarisation qui encourageait chaque année de milliers de jeunes à obtenir de brillants diplômes universitaires. Or la création d'emplois ne suivait pas le même rythme, ce qui a créé un taux de chômage d'environ 30 % chez les jeunes, qui par ailleurs constitue la plus importante partie de la population.

Les idées révolutionnaires véhiculées dans les réseaux sociaux ont entrainé un élan de contestation qui a eu pour catalyseur l'auto-immolation en Tunisie du jeune Mohamed Bouazizi le 17 décembre 2010. Dès lors les évènements se sont rapidement enchainés. En Tunisie nous avons assisté au départ du clan Ben Ali. En Egypte après une forte mobilisation de la jeunesse le Président Hosni Moubarak sera contraint de laisser le pouvoir avant d'être arrêté. En Lybie, les forces de l'OTAN avec le leadership de la tripartite France-Grande Bretagne-Etats unis ont appuyé les rebelles jusqu'à l'assassinat de Mouammar Kadhafi le 20 octobre 2011.

Au lendemain de ces évènements historiques tous les espoirs étaient permis. Les peuples tunisiens, égyptiens et libyens étaient présentés en modèles dans toutes les presses. Les discours politiques étaient très élogieux.

Cependant tout le monde a vite déchanté. Les aspirations de démocratie ont été rapidement mis à mal au travers d'élections contestées, de prise de pouvoir par l'armée ou encore par les divisions internes. L'économie de ces pays s'est rapidement effondrée. L'inflation a pris des proportions inquiétantes, l'insécurité n'a jamais cessé de grandir. Nous avons ainsi assisté à l'émergence des courants radicaux, à des mouvements migratoires importants et à une déflagration des acquis socio-économiques.

Ne se limitant pas au Maghreb, les conséquences du Printemps Arabe se sont prolongées à travers le monde.

Au proche Orient de nombreux terroristes provenant de la Tunisie et de la Libye ont fait des ravages en Syrie et au Yémen.

L'Europe a vu un afflux beaucoup plus important de migrants clandestins. Ces derniers proviennent d'origines diverses mais avaient pour principaux point de départ les côtes Tunisiennes et Libyennes. Or la Libye jouait un rôle de zone tampon pour réguler ce flux migratoire en partenariat étroit avec l'Union Européenne.

Al-Qaïda au Maghreb a vu son artillerie de combat renforcé de manière exponentielle. De nombreux spécialistes justifient cela par la chute du régime de Mouammar Kadhafi et l'anarchie qui a ensuite régné avec des millions d'armes en circulation.

Le plus surprenant a sans doute été l'émergence de mouvements terroristes en Afrique Subsahariennes. Avec le Chaos instauré par l'organisation Boko Haram au Nigéria et au Cameroun. Une fois de plus l'arsenal militaire libyen y est fortement présent.

Au regard de tous ces éléments présentés, il convient à chacun de répondre à la question centrale de notre projet :

Printemps Arabe ; Volonté populaire ou coup d'échecs géopolitique ?

Nous nous permettrons de conclure avec ce qui fut présenté comme le testament de Mouammar Kadhafi[20] :

"Au nom de Dieu le clément et miséricordieux

Ceci est mon testament, moi, Mouammar Bin Mohammed Bin Abdessalam Bin Humaïd Bin Aboumeniar Bin du Naïl Al Fohsi Al Kadhafi. Je témoigne qu'il n'y a de dieu qu'Allah et que Mohammed est son Messager et que je mourrais sur la doctrine des sunnites et d'El Djamaâ.

Mes volontés dernières sont :

• Que je ne sois pas lavé à ma mort et que je sois enterré selon le rite islamique et ses enseignements dans les vêtements que je porterais à ma mort.

---

[20] https://www.gl9.fr/Voici-le-testament-de-Kadhafi-redige-3-jours-avant-sa-mort_a29798.html

• Que je sois enterré au cimetière de Sirte, à côtés de ma famille et de ma tribu.

• Que ma famille soit bien traitée surtout les femmes et les enfants.

• Que le peuple libyen sauvegarde son identité, ses réalisations, son histoire et l'image de ses ancêtres et ses héros et qu'il ne soit pas attaqué dans les sacrifices de ses hommes libres.

• Que continue la résistance à toute agression étrangère subie par la Jamahiriya, aujourd'hui, demain et pour toujours.

• Que soient convaincus les hommes libres de la Jamahiriya que nous aurions pu monnayer, avec notre cause, une vie personnelle meilleure, stable et en sécurité. Nous avions eu tant de propositions, mais nous avons choisi d'être au front par devoir et honneur. Et même si nous ne gagnons pas aujourd'hui, nous allons offrir une leçon aux générations futures pour qu'elles puissent gagner, car le choix de la Nation est la bravoure et la vendre est une trahison que l'Histoire retiendra ainsi et pas autrement.

Que soit transmis mon salut à chaque membre de ma famille et aux fidèles de la Jamahiriya ainsi qu'aux fidèles de par le monde qui nous ont soutenus ne serait-ce qu'avec le cœur.

Que la paix soit sur vous, tous.

Mouammar El Kadhafi